Werft Eure Zuversicht nicht weg!

Werft Eure Zuversicht nicht weg!

Alterserfahrungen im Spiegel der Bibel

Herausgegeben von
Gerta Scharffenorth
in Zusammenarbeit mit
Heide-Marie Lauterer-Pirner

Herder
Freiburg · Basel · Wien

Reihe *frauenforum*
herausgegeben von Karin Walter

Umschlagbild: Grabmal der Mnesarete

Herstellung: Ebner Ulm

ISBN 3-451-22457-7

Inhalt

III. Orientierung auf Neues

IV. Abschied

Einleitung

Die Bibel überliefert Glaubenserfahrungen und Gotteserkenntnis aus Jahrtausenden. Immer von neuem hat sie Menschen herausgefordert, sie in eigenen Erlebnissen und Konflikten wie bei tiefgreifenden Veränderungen der Gesellschaft zu befragen. Junge und alte Menschen suchen in diesem Buch ihre Lebensgeschichte von biblischen Texten her zu verstehen. Geschieht dies auch heute in unserer säkularisierten Welt? Werden in Krisen, beim Lebensentwurf, in Umbrüchen des Daseins Grundfragen menschlicher Existenz im Dialog mit diesen Texten und im Austausch mit anderen Menschen bedacht?

Das Alter und Älter-Werden gehören zu den Themen, die heute lebenswichtig sind, obwohl sie gegenüber vorherrschenden Fragen nach Leistung, Sicherheit, Effizienz der Arbeit, nach eigenmächtiger Daseinsbewältigung oft verdrängt werden. Denn Errungenschaften der Medizin und Medizintechnik haben eine erhebliche Erhöhung der Lebenserwartung bewirkt. Das Alter wurde damit zu einer eigenständigen, mehrere Jahrzehnte umspannenden Lebensphase mit neuen Möglichkeiten, sie zu gestalten. Doch zugleich ist das Alter zu einem gesellschaftlichen Problem geworden durch die Vielzahl von Menschen, die früher oder später auf die Versorgung durch andere angewiesen sind. Die großen Aufgaben, die daraus für das Gemeinwesen erwachsen, nehmen das gesellschaftliche Bewußtsein so stark in Anspruch, daß die Aufmerksamkeit für unverzichtbare Erfahrungen alter Menschen zunehmend schwindet. Wesentliche Dimensionen menschlichen Lebens kommen aber aus dem Blick, wenn im Miteinander der Generationen das Mitteilen von Lebensgeschichten und das gemeinsame Bedenken menschlicher Erfahrungen verlorengehen. Humanität, nach der wir heute in Kirche und Gesellschaft nachdrücklich fragen, speist sich vor allem aus menschlicher Begegnung und unmittelbarer Zuwendung.

Aus diesen Fragen und Beobachtungen entstand der Plan zu diesem Band. Eine Gruppe von Frauen verschiedener Berufe und Lebensalter, durch gemeinsame Studien zu Problemen von Frauen, von Medizin, Pflege und Krankenhaus seit längerer Zeit verbunden, hat in Zusammenarbeit mit dem Verlag Herder ältere und jüngere Menschen eingeladen, ihnen wichtige biblische Texte im Hinblick auf das eigene Älterwerden oder auf die Begegnung mit alten Menschen in ihrer existentiellen Dimension zu reflektieren. Das geschah in der Überzeugung, daß bei genauem Hinhören das Alter auch heute als eine Phase des Menschseins verstanden wird, die weit mehr bedeutet, als bei den sozialen Aufgaben humaner Altenversorgung zur Sprache kommt. Die letztvergangenen acht oder neun Jahrzehnte umfassen zudem gesellschaftliche Umbrüche und politische Veränderungen, die das individuelle Leben mehrerer Generationen erschüttert, geprägt und gewandelt haben. Im Gedächtnis alter Menschen sind die Ereignisse und Probleme dieser Übergänge aufbewahrt. Menschliche Erfahrungen und Einsichten, die sie im Lebensverlauf sammelten, werden freilich selten geäußert, da in der allgemeinen Belastung wenig Raum für Gespräche bleibt, auch im Leben der Kirche und der Gemeinden.

Ältere und jüngere Menschen baten wir daher um Mitarbeit, um durch die Zusammensetzung des Autorenkreises den Dialog zwischen den Generationen über Alterserfahrungen im Spiegel der Bibel in authentischen Beiträgen sichtbar zu machen.

Die Einladung zur Mitarbeit fand eine überraschend positive Resonanz. Nicht alle, die wir befragten, konnten sich beteiligen. Wenige Zusagen mußten später wegen Überlastung zurückgezogen werden. In einigen Fällen waren schwere Erkrankungen oder Tod der Grund, daß wir Absagen erhielten. Was wir uns zur Aufgabe stellten, brachte es mit sich, daß wir auch damit rechnen mußten.

Es entspricht der ungewöhnlichen Fragestellung dieses Buches, daß wir uns durch Rundbriefe, persönliche Korrespondenz oder telefonische Verständigung um intensive Kontakte mit Autorinnen und Autoren bemühten. Denn es ging uns nicht um ein pastorales oder sozialpsychologisches „Arbeitsbuch". Vielmehr sollte in der Wiedergabe authentischer Erfahrung zugleich die Frage nach der Bedeutung biblischer Texte im eigenen Leben aufgenommen sein. Um diese Struktur des Bandes zu gewinnen, legten wir Autoren und Autorinnen hier und dort nahe, ihre Beiträge zu ergänzen oder zu kürzen. Daß uns weithin die redaktionelle Bearbeitung überlassen wurde, haben wir sehr begrüßt und danken an dieser Stelle allen Beteiligten für die vertrauensvolle Zusammenarbeit.

In der Phase des Alters zeichnen sich vier Aspekte ab, die wir bei Beginn schon als Themen benannten: die Last der abnehmenden Kräfte, das Erinnern des Vergangenen, die Notwendigkeit, sich neu zu orientieren auf die unbekannte Zukunft hin, der letzte Abschied, den Menschen antizipieren, erleiden oder miterleben. Nach diesen Gesichtspunkten gliedert sich das Buch in vier Kapitel. Doch diese Aspekte, zugleich Perspektiven des Alters, durchdringen sich gegenseitig. Das zeigte sich bald an den Beiträgen. Nur die Schwerpunkte der Fragen bzw. des Erzählten gaben den Ausschlag für die jeweilige Zuordnung.

Dieses Buch enthält also komprimierte Lebensgeschichten. In ihnen wird sichtbar, wie das jeweils spezifische Erleben eines Menschen auch den Glauben durchdringt, daß es somit zu Erfahrungen kommt, die für die gesamte, nicht nur die christliche Gemeinschaft wichtig sind. Diese Vorgänge unseres Bewußtseins oder, mit anderen Worten, die Verflechtung von Gegenwärtigem mit der Vergangenheit und der offenen Zukunft, werden in einer Gesellschaft, die dazu neigt, nur noch in funktionalen Kategorien zu denken und zu handeln, kaum wahrgenommen.

Die Freiheit, in der Autorinnen und Autoren aus verschiedenen Lebens- und Arbeitsbereichen eigene Erfahrungen angesichts von Grenzen, von Krankheit, widrigem Schicksal, von Verlusten, Sterben und Tod bezeugen, verweist auf die nichtmeßbaren Kräfte der Daseinsbewältigung. Im Sinne einer konkreten Theologie werden Lebensgeschichten reflektiert, die – zumeist verhalten – die Bibel als ein existentiell prägendes Buch aufweisen, spannend auch im Blick auf die Wandlungen und Aufbrüche, auf Leiden und Sinnerfahrung. Aussagen zur Leiblichkeit des Menschen bis hin zu einem Sich-selbst-Fremdwerden verbinden sich mit dem Lobpreis des Schöpfers und münden, oft nur in Andeutungen, in der Hoffnung als Grundelement christlichen Glaubens.

In den biblischen Texten begegnen uns verschiedene Übersetzungen, wie sie in den Kirchen und Gemeinden gebraucht werden. Sichtbar wird darin die bewegende Kraft der Sprache, die uns in vielfältigen Nuancen das verbindende Gotteswort nahebringt, wo immer unser Ort ist im Lebensraum der ökumenischen Gemeinschaft.

Mit den Autorinnen und Autoren wollen wir durch diesen Band vor allem den Dialog zwischen den Generationen anregen. Da in den Beiträgen individuelle Lebenserfahrungen transparent werden für die geschichtlichen Umbrüche und gesellschaftliche Wandlungen der jüngsten Vergangenheit, können sie ermutigen, in der Gegenwart die Spielräume des Lebens aufmerksam und entschieden wahrzunehmen.

Heidelberg im Januar 1992

Gerta Scharffenorth

I. Unter der Last des Alters

Was wollen wir wissen
Noch wissen?

Nichts, was uns selbst angeht
Auch nichts von drüben
Nur ob Friede sein wird
Gerechtigkeit
Eines Tages
Hier.

MARIE LUISE KASCHNITZ
(Aus: Vulnerable)

DORA BETZ

Es ist alles ganz eitel

Unterwegs mit dem Prediger Salomonis

Denk an deinen Schöpfer,
ehe die bösen Tage kommen ...,
ehe die Sonne sich verfinstert
und das Licht und der Morgen und die Sterne,
und nach dem Regen immer wieder die Wolken kommen,
wenn die Wächter des Hauses zittern
und die starken Männer sich krümmen,
wenn die Müllerinnen feiern, weil ihrer
so wenige geworden sind,
wenn dunkel werden, die durch die
Fenster sehen,
wenn die Tore auf der Gasse geschlossen werden,
wenn die Stimme der Mühle leiser wird
und das Zwitschern des Vögleins erstirbt
und alle Töchter des Gesanges verstummen,
wenn man sich vor der Anhöhe fürchtet
und Schrecknisse auf dem Weg sind ...,
ehe die silberne Schnur zerreißt
und die goldene Ampel zerspringt,
ehe das Rad bricht und
der Eimer an der Quelle zerschellt
und in den Brunnen fällt –.

Pred. Salom. 12,2–6

Diese Bilder des Alterns – was lösen sie in uns aus? Ich sehe vor mir die Menschen, denen das Augenlicht schwindet wie die Klarheit ihres Denkens, deren Hände und Beine zittern, deren Rücken gekrümmt bleibt, wenn sie sich aufrichten. Ich sehe die vielen erloschenen Gesichter der Männer und Frauen in unseren Altenheimen – ganz auf Hilfe angewiesen, beim Essen der Breikost, beim Waschen ihres Körpers. Laut müssen die Pflegenden reden, denn die Ohren der Alten gingen zu. Sie selbst aber sprechen leise, immer nur leise vor sich hin, als gäbe es niemand mehr, der auf sie hörte –. Alles ist vergeblich, vorbei – das scheint die Botschaft dieser alten Menschen. Selbst die noch umhergehen: Unsicher ist ihr Gang; das Steigen macht Atemnot; sie fürchten die Treppen abwärts und unbekannte Wege. Durch ihr schütteres weißes Haar schimmert noch rosig die Kopfhaut – das Leben pulsiert. Aber sie wissen es und sehen um sich täglich das langsame Auslöschen der Lampen. Und wenn ein Krug zerbricht und sie sehen, wie er beiseite geräumt wird – ja, auch mit mir wird es bald aus sein, denken die Klugen unter ihnen.

Wir Menschen heute, in unserem Bereich der Welt, haben viele Mittel und Wege, die Härten des Alters zu beseitigen oder doch zu mildern. Kontaktlinsen, Brillen, Zahnprothesen, Hörgeräte, Stützapparate, Rollstühle mit Selbstbedienung und eine Vielfalt medizinischer Behandlungsmöglichkeiten für Organe und Gelenke. Nein, ich mißachte sie nicht, diese Hilfen und Erleichterungen. Wir sind alle sehr dankbar dafür. Aber dann kommen doch „die bösen Tage und Jahre, von denen wir sagen: sie gefallen mir nicht mehr". Alle Hilfen und Heilmittel geraten an Grenzen und versagen. Und mit diesen alten Menschen, die mich jeden Tag von neuem erbarmen, sind wir auf das Warten verwiesen, auf die bangen Fragen: Was kommt noch, ehe ich sterbe? Und dann danach?

„Denn der Mensch fährt dahin in sein ewiges Haus, der Staub wird wieder zur Erde wie er gewesen ...“ (V 5b)

Ich bin im Ruhestand, ich genieße es, nicht mehr so eingespannt zu sein wie in langen Jahren vorher. Ich bin froh, daß ich auch etwas versäumen und vergessen darf, und erlebe immer, daß andere aufgreifen, was ich noch nicht sah oder was liegenblieb bei mir. Aber an Aufgaben fehlt es mir nicht. Ich bin die Gesprächspartnerin für etwa 80 Schwestern, die ihren Ruhestand im Feierabend-Bereich verbringen, nur wenige sind bei ihren Angehörigen. Manche kenne ich aus meiner Anfangszeit vor 45 Jahren; andere waren auswärts tätig, als Gemeindeschwester, Krankenpflegerin oder bei Kinder und Jugendlichen, und wir sind einander erst jetzt begegnet, nachdem sie die arbeitsreichen Jahre hinter sich ließen.

Nicht alle brauchen mich. Die jüngeren, noch rüstigen Schwestern, die ihr Appartement bewohnen, sich häufig sehen und gegenseitig helfen, brauchen mich selten. Wenn ich bei der Begleitung schwer Pflegebedürftiger Unterstützung brauche – zum Beispiel durch Sitzwachen am Krankenbett – kann ich sie bitten, Arbeit zu übernehmen. Meine Hauptaufgabe liegt bei den alten Schwestern auf den Pflegestationen; zusammen mit den Pflegenden dort suche ich für sie dazusein. Das beginnt schon beim Einzug, beim Räumen und Gestalten des Zimmers, damit es behaglich wird durch ein paar eigene Möbelstücke, durch Bilder, Bücher, Schallplatten und persönliche Andenken, soweit der begrenzte Raum dies eben zuläßt. Neulich erlebte ich Freudentränen! Die Schreibtischuhr des Vaters, die ich nach einer schwierigen Reparatur zurückbringen konnte, geht und tickt und steht mitten auf dem Schreibschrank – Erinnerung, vertraute Laute auch in der Nacht, rätselhaftes Zeichen der dahineilenden Zeit.

Jede dieser betagten Frauen hat auch in dieser Phase ihr Zimmer mit eigener Atmosphäre. Bei den Mahlzeiten sitzen sie – soweit dies noch möglich ist – in Gruppen zusammen; nicht nur beim Essen, auch bei der Verständigung ist Hilfe nötig. In den Phasen großer Schwachheit des Leibes und der Seele suchen sie Halt an vertrauten Stimmen und Gebärden, an bekannten Worten der Bibel, an Liedversen oder Zeilen eines Gedichts. Wenn sie ins Krankenhaus verlegt werden müssen, begleite ich sie und begegne auch ihren Mitpatienten und den dort tätigen Pflegenden und Ärzten. Bei schwerwiegenden Untersuchungen und Behandlungen, vor und nach Operationen, besuche ich sie regelmäßig. In vielen Gesprächen mit diesen alten Patienten bin ich immer wieder überrascht, welche Fülle von Erfahrungen das Leben dieser Frauen umfaßt. Es ist eingebettet in die Geschichte der Familie und unserer Schwesternschaft, in das politische Geschehen vergangener Jahrzehnte, in Krieg und Nachkriegsereignisse, in die Geschichte der Kirchengemeinde, ihrem Arbeitsfeld, und geprägt durch unzählige Begegnungen mit Menschen ganz verschiedener Herkunft in deren schweren Lebenskrisen. Einmal hörte ich, als ich mich verabschiedete, die fast heitere Frage: „Dankst du auch jeden Tag, daß du noch laufen kannst?" In einem anderen Zimmer – die Patientin kann sich kaum rühren, liegt viele Stunden nachts ohne Schlaf – frage ich nach den Schmerzen und seufze mit ihr über all die Beschwerden. Sie sagt dann: „Das war gut heute nacht, daß die Luft so frisch hereinkam. Ich hab' die Vögel gehört, als es noch dunkel war. Ach, der Kaffee am Morgen hat mir so geschmeckt. Komm wieder, wenn du kannst." An den Sterbebetten erlebe ich auch die Ängste vor der Nacht des Todes. Ist das denn Schwäche oder gar erbärmlich, daß es sich in uns aufbäumt gegen das Ende des Lebens? Wer den Tod verharmlost, verrät die Würde der Menschen. Die Bibel redet oft vom Todesernst, vor allem in den Psalmen. Gott, der uns für dieses Leben eine leibliche Gestalt gab, läßt uns nicht einfach dahinfallen. Was wissen wir schon davon, was Leben, was noch Leben ist?

In allem, was ich tue bei meinen Besuchen, ist da ein Ungleichgewicht. Mir ist es ein Bedürfnis, zu diesen Schwestern zu gehen; mir ist die Zeit geschickt, ich bin darauf eingestellt, bei mir liegt die Aktivität. Vielleicht bin ich ihnen gar nicht willkommen zu dieser Stunde? Was können sie schon tun? Können sie denn im Rollstuhl sitzend oder im Bett liegend ausweichen? Können sie meine ausgestreckte Hand übersehen, meine Blumen ablehnen, verhindern, daß ich ihren Arm freundlich berühre? In früheren Zeiten mußte man sich bei vornehmen Leuten anmelden lassen und vorher anfragen, ob oder wann ein Besuch passe. Solcher Respekt vor dem anderen – gebührte er nicht in gleicher Weise einem Kranken, bevor wir in sein Zimmer eintreten? Gewiß, ich kann Fragen stellen, wie es heute gehe, ob ich etwas tun, nötige Dinge besorgen könne. Kann ich auch still sein und warten, ob mir Fragen gestellt werden? Spüre ich, was die Mimik und Gestik, was der Stimmklang des Kranken ausdrücken?

Manchmal gebe ich bei einem Besuch im Altenheim das alttestamentliche oder neutestamentliche Wort des Tages aus dem Losungsbuch der Brüdergemeine weiter. So auch am Bett eines alten, schon lange durch Krankheit, Schmerzen und Schwäche geplagten, schließlich erblindeten Mannes. Es war die Losung 1 Sam 23,16: „Jonathan ging hin zu David und stärkte sein Vertrauen auf Gott." Jonathan liebte David. Aber er mußte sein Vorhaben vor seinem Vater Saul, der David verfolgte, verbergen. Er hatte einen weiten Weg zu seinem Freund. Trotz der Gefahr machte er sich auf und ging zu

David, um dessen Vertrauen auf Gott zu stärken. Als ich diese Losung weitersagte, wurde mir bewußt: Das ist der tiefste Sinn eines Besuches, in Ängsten diese Zuversicht stärken. Das Gesicht des Blinden war auf mich gerichtet, offen und gesammelt. Es strahlte Frieden aus, Annahme der Last dieses Tages, der Zumutung Gottes an dieses Menschenleben. Ich war einbezogen in diesen Frieden. Ich wurde gestärkt durch diesen leidenden Menschen. Wir erkannten staunend miteinander, daß Gott wahrhaftig „in den Schwachen mächtig ist" (2 Kor 12,9).

Auf meinen Wegen geht es mir oft durch den Sinn: Wie auch immer das Leben der Menschen verlief, mühselig, karg, mit reichen Erfahrungen und Erfolg, „alle trifft dasselbe Geschick" an der dunklen Senke des Todes. Rätselhaft bleibt, warum hier ein langes Siechtum zugemutet ist, dort das Sterben leicht wird. „Das habe ich mir zu Herzen genommen, zu erforschen das alles, daß Gerechte und Weise und ihre Werke sind in Gottes Hand ... (Doch) es begegnet dasselbe einem wie dem anderen, dem Gerechten wie dem Gottlosen ..., wie es dem Guten ergeht, so geht's auch dem Sünder ...", heißt es beim Prediger Salomonis im 9. Kapitel. „Das ist das Schlimme bei allem, was geschieht, daß alle dasselbe Geschick trifft ... Wer noch zu den Lebenden gehört, hat noch zu hoffen. Die Lebenden wissen, daß sie sterben werden; die Toten wissen nichts, ... sie haben keinen Teil mehr an allem, was geschieht unter der Sonne. – So geh hin und iß mit Freuden dein Brot. Brauche das Leben mit deinem Weibe, das du liebhast, solange du das eitle Leben hast, das Gott dir gegeben hat ... Alles, was du tun kannst, das tue frisch ..." Resignation läßt er nicht gelten, der nüchterne weise Ratgeber aus früherer Zeit, und fügt hinzu: „Auch weiß der Mensch nicht seine Zeit."

Wir verbringen auch frohe Tage mit den betagten Menschen in unseren Heimen und feiern Feste. Mit denen, die noch beweglich sind, fahren wir ein paarmal im Jahr hinaus in unser Erholungsheim auf der Höhe. Der weite Blick dort und die Distanz zum gleichlaufenden Alltag tun ihnen wohl und erfrischen, wie auch die Gespräche, Musikhören und Singen. Doch – ich täusche mich nicht – welch kurze Frist sind diese Stunden auf den langen Wegen des Wartens auf das oft ersehnte Lebensende. Eine Frist jedoch, die vielleicht die Spannkraft belebt, um dieses Bangen und Warten und Hoffen zu vollbringen.

In einer Gesprächsrunde fragte ich einmal die alten Schwestern, was sie am meisten belastet am Altwerden. Sie sprachen vieles aus von dem, was sie bedrückt: der „geistige Abbau", den sie an sich selbst und anderen neben sich beobachten; die Ängste vor dem neuen Tag: Was wird er bringen?; der dumpfe Kummer angesichts des zunehmenden Verfalls der körperlichen Kräfte, zum Beispiel das lächerliche Stolpern; der ärgerliche Ausfall von Gedanken mitten im Gespräch; die Unfähigkeit, Neues aufzunehmen; das Nicht-fassen-Können mancher Leiden wie das der Freundin, die ihr Leben lang unermüdlich zugriff und für andere da war und nun ein Siechtum ertragen muß; das Bangen: Was bleibt von einem Menschenleben?

„Wie ist alles so nichtig!
Es ist alles umsonst." (V 9)

Alles ist nichts, nichts? Bleibt denn nichts von meinem Leben? So lautet auch eine Stimme. Wer hört sie draußen und wer hält ihr stand?

„Wir haben es gut hier – hieß es auf meine Frage nach möglichen Erleichterungen im Alter –, weil wir noch

Aufgaben haben, stundenweise Dienst an der Pforte, Aushilfe im Büro bei Postsendungen, Näharbeiten, Besuche übernehmen, einen Gast informieren – Teilhaben am Leben der Jüngeren." Ich bin überrascht, daß auch die Älteren, die zum Mittun nicht mehr in der Lage sind, vieles aufzuzählen wußten, was ihren Tag heller macht: Kinder spielen zu sehen; die Vögel zu beobachten; Menschen zu treffen, die sich Zeit nehmen für ein kurzes Gespräch; der Besuch des Arztes, der nichts beschönigt, aber doch Mut macht; das Hören vertrauter Musik, das Wiedersehen mit Angehörigen, wenn sie kommen. „Daß ich mir Gottes Verheißungen ins Gedächtnis rufen kann", meinten andere, dabei einig, daß sie einander gerade darin brauchen, weil es so schwer ist, alles loszulassen, was uns das Leben hindurch wert war. Vielleicht geht uns die Aussage, daß menschliches Leben vergänglich ist, daß wir alle sterben müssen, manchmal zu leicht über die Lippen?

Mein Begleiter auf den Wegen zu den Pflegestationen, zum Krankenhaus, zum Altenheim, der Prediger Salomonis, „der auch ein Weiser war", sagt uns:

„Der Mensch fährt dahin
in sein ewiges Haus,
und die um ihn klagen,
ziehen auf der Gasse umher,
und der Staub wird wieder zur Erde,
wie er gewesen.
Der Odem aber kehrt wieder
zu Gott, der ihn gegeben."
(Kap 12,5b und 7)

Mir kommt dann immer das Wort aus dem 2. Schöpfungsbericht in den Sinn: „Da bildete Gott, der Herr, den Menschen aus der Erde vom Acker und hauchte ihm Lebensodem in die Nase; so ward der Mensch ein lebendiges Wesen" (1 Mos 2,7). Und ich höre den Psalmisten: „Du, Gott, lässest Menschen sterben und sprichst: Kommt wieder Menschenkinder" (Ps 90,3). Die Vergänglichkeit unseres Lebens ist aufgehoben in der Lebenszusage des Schöpfers.

Die Menschen, denen ich unterwegs begegne – Männer und Frauen, die zu ihrer Arbeit gehen, tobende Kinder, eine Gruppe Jugendlicher auf gepäckbeladenen Fahrrädern –, sie alle reißen mich aus den wehmütigen Gedanken und nehmen mich hinein in ihr unbeschwertes Denken. Und ich erinnere mich, dem Leben zugewandt, an das Wort: Sorget nicht für den anderen Tag. Der morgende Tag wird für das Seine sorgen.

RUTH ALBRECHT

In meines Vaters Haus sind viele Wohnungen

Euer Herz erschrecke nicht! Glaubt an Gott und an mich.
In meines Vaters Haus sind viele Wohnungen.
Wenn's nicht so wäre,
dann hätte ich zu euch gesagt:
Ich gehe hin, euch diese Stätte zu bereiten.
(Joh 14,1–3)

Dieser Text aus Joh 14,2 gehört für mich zu einer Begegnung mit einer alten Frau, die ich erst am Ende ihres Lebens kennenlernte. Durch diese Frau ist mir das Bild der vielen Wohnungen bei Gott wichtig geworden. Ich arbeite als evangelische Pastorin in einem Hamburger Krankenhaus. Eines Tages machte mich ein junger Krankenpfleger auf Frau M. aufmerksam, sie sei oft sehr traurig. Er habe schon mit ihr das Vaterunser gebetet. Irgendwie habe sie Schwierigkeiten mit ihrem Glauben, genauer könne er das aber nicht sagen. Frau M. lag als Patientin auf einer chirurgischen Station, sie war 93 Jahre alt und hatte sich bis zu diesem Krankenhausaufenthalt in ihrer Wohnung selbst versorgt. Als wir das erste Mal miteinander sprachen, saß die Patientin auf dem Flur, ganz in sich zusammengesunken. Als ich sie ansprach, richtete sie sich auf – eine große Gestalt. Sie konnte ihre eigene Situation sehr klar beschreiben: ihr ganzes Leben lang hatte der Glaube sie begleitet, sie sei immer zur Kirche gegangen, nur in den letzten Jahren sei sie kaum noch zum Gottesdienst gekommen, da sie nur noch mühsam gehen konnte. Ihr Glaube habe ihr in allen schweren Situationen geholfen und sie getröstet. Und nun fühle sie sich zum ersten Mal schwach und am Ende ihrer Kräfte, sie habe plötzlich keine Kraft mehr zum Beten. Unter Tränen sprach sie davon, daß sie immer geglaubt habe, daß bei Gott ein Platz für sie sei, aber jetzt wäre dieser Gedanke nur noch verschwommen da, sie könne das nicht mehr richtig fühlen und glauben.

Als Frau M. von der Bedeutung des Jesus-Satzes „In meines Vaters Haus sind viele Wohnungen" in ihrem Leben erzählte, sah ich deutlich vor meinem inneren Auge diese Wohnungen, unzählig viele. Sie konnte diese Verheißung mit ihren vergangenen Lebenserfahrungen in Verbindung bringen, in ihrem gegenwärtigen Erleben entzog sich ihr dieses sonst so tröstende Bild. Indem die alte Frau stockend über diesen Vers aus dem Johannesevangelium sprach, erschloß sich mir das Bild. Worum die Kranke bangte, wurde für mich lebendig.

Frau M. hatte ein schönes Greisinnengesicht. Manchmal hielt sie beim Sprechen inne, und ihr Blick glitt nach innen, es sah dann aus, als ob sie für kurze Zeit in anderen Welten verweilte. Dann schaute sie mich wieder nur an, suchte nach dem verlorenen Gesprächsfaden und begann von neuem.

Zweimal habe ich mit Frau M. gesprochen. Beide Male sprachen wir auch über den Vers aus dem Johannesevangelium. Wenn ich ging, machte die Kranke einen getrösteten Eindruck. Zwei Tage nach meinem letzten Besuch bei ihr kam frühmorgens ein Anruf aus dem Krankenhaus. Ob ich kommen könne, Frau M. liege im Sterben. Als ich kam, war sie nicht mehr voll bei Bewußtsein, ihre Augen waren geschlossen, und sie atmete schwer. Doch das Sterben dauerte einen ganzen Tag lang. Der Atem ging unruhig. Zeitweise lag sie ganz still, dann wurden die Hände unruhig, als suchten sie etwas. In diesen Stunden an ihrem Sterbebett konnte ich zu ihr sprechen und habe ihr oft ihren Bibelvers wiederholt. Ich hoffte, daß diese vertrauten Worte sie irgendwie noch erreichten. Die Verheißung des Johannesevangeliums hat mich am Bett der Sterbenden getröstet. Frau M. konnte selbst nicht mehr sprechen, ihre eigenen Worte klangen jedoch in mir nach. Sie hat mir ihr Sterben entschlüsselt. Ich weiß nicht mehr, warum und wie das Bild der Wohnungen bei Gott für Frau M. bedeutsam wurde. Vielleicht habe ich das vergessen, vielleicht hat sie es auch nicht erzählt. Als ich die Patientin das erste Mal sah, bin ich gar nicht auf den Gedanken gekommen, daß sie bald sterben könnte. Sie war wie andere Patientinnen eine alte, kranke Frau, die mit der Erschütterung des Krankseins rang. Jetzt, im nachhinein, vermute ich, daß die Greisin schon mit der Erschütterung des nahen Todes kämpfte. Sie spürte, daß etwas sich veränderte, sie beschrieb diese Veränderung als ein Entgleiten von bisher Gewesenem. Sie ahnte, daß etwas auf sie zukam, was sie noch nicht fassen konnte. Ihr standen keine Worte zur Verfügung, um das Unbegreifliche zu benennen. Die alte Frau erlebte in schmerzlicher Deutlichkeit, daß etwas für sie noch Unbekanntes drohte. Sie hatte nicht mehr die Kraft zu beten und hatte nicht einmal mehr die Kraft, die tröstenden Bilder festzuhalten. Doch die Kranke hatte in ihrer Schwäche noch soviel Klarheit des Geistes, um Hilfe für die Entschlüsselung des Bedrohlichen zu erbitten. In all ihrer Angst und Traurigkeit war sie dazu in der Lage, anderen Menschen ihre Not verständlich zu machen.

Wenn ich heute an Frau M. denke, bin ich mir sicher, daß sie in den Bildern vom Haus und von den Wohnungen auch von ihrem eigenen Sterben gesprochen hat. Alles bisher Verläßliche entschwand ihr, sie suchte nach einem bleibenden Haus, nach einer neuen Heimat. Obwohl ich diese Aspekte während unserer Gespräche nicht rational wahrnahm, habe ich die Tiefe ihres Verlangens gespürt und eine Antwort in dem Johanneswort gefunden.

Frau M. hatte mit der Einweisung in das Krankenhaus ihre Wohnung verlassen und ist dorthin nicht wieder zurückgekehrt. Bis zu ihrer späten Erkrankung hatte diese Wohnung ihr viel bedeutet, sie bildete den Rahmen ihres täglichen Lebens. Da sie schon seit längerer Zeit die Wohnung nur noch mit Hilfe anderer Menschen verlassen konnte, verbrachte sie ihre Tage fast ganz in ihren eigenen vier Wänden. Mit Stolz berichtete sie davon, daß sie noch immer ihren Haushalt selber führte, sie kochte gern. 93 Jahre lang war sie niemals schwer erkrankt. Eine Tochter hatte sie zur Welt gebracht. Frau M. war es gewohnt, daß sie körperlich bei Kräften war und das ausführen konnte, was sie sich vornahm. An Einschränkungen hatte sie sich langsam gewöhnen müssen, ihr Bewegungsradius hatte sich sehr stark verkleinert, die Hausarbeiten gingen ihr langsamer von der Hand. Nun aber versagte das Gehäuse ihres Körpers den gewohnten Dienst.

Frau M. spürte vermutlich sehr viel deutlicher, als sie dies in Worten zu erfassen vermochte, daß ihr bisheriges Lebenshaus ihr nicht mehr länger Heimat bot, und sie suchte nach einer Geborgenheit, die sie umfangen würde. Die Kranke brauchte einen Raum, eine Umgebung, in der sie nun auch mit ihren Gebrechen, mit ihren umnachteten Anteilen Platz fände. Das bisherige Lebensgefüge erfaßte sie als körperlich und geistig gesunde Frau, die selbständige Entscheidungen traf und ihre Handlungen überblickte. Frau M. erlebte nun mit wachem Geist das Zusammenbrechen ihrer Fähigkeiten. Das „alte Haus" bot für eine gebrechliche, sterbende Frau nicht die Geborgenheit, die sie bisher empfunden hatte. Daher regte sich in der alten Frau ein starkes Verlangen nach ihrem Platz bei Gott. Ich kann nur vermuten, daß dabei das Bild der Wohnung für sie große Sicherheit und Schutz ausstrahlte. Wenn es für sie bei Gott „Wohnung" gab, dann konnte sie es wagen, sich auf den Weg dorthin zu begeben. Wenn Gott für sie einen Platz bereithielt, der ihr eine neue Heimat bot, dann konnte sie einstimmen in das Unbekannte. Ich stelle mir vor, daß das wiedergewonnene Bild des Hauses bei Gott die Schrecken des nahendes Todes nicht weggewischt hat, der Kranken jedoch soviel Mut gab, das alte Gehäuse ihres Lebens loszulassen und sich auf den Weg zu machen. Mich hat an Frau M. das leidenschaftliche Suchen beeindruckt: Eine Greisin, die sich nicht einfach fügt in das Unvermeidliche, die nicht resigniert aufgibt. Sie suchte nach Antwort, sie wollte verstehen, was in ihr und mit ihr geschah. Mit 93 Jahren hatte die alte Frau noch nicht aufgehört, Neues wirklich begreifen zu wollen. Die erschreckenden Dimensionen der Veränderung wollte sie einfügen können in ihr bisheriges Denken und Verstehen. Sie brachte ihren Schmerz deutlich zum Ausdruck, sie trauerte um das Verlorene – und gewann gerade dadurch den neuen Horizont. Nicht ich als Pastorin habe Frau M. den Zugang zu einem biblischen Bild und Verheißungswort erschlossen. Frau M. ist für mich zu einer Predigerin geworden, ihr Leben zu einer leibhaftigen Predigt. Sie konnte den Verlust ihrer Gewißheit, bei Gott ein Zuhause zu haben, unverhohlen beklagen, und gerade in dem Klagen errang sie diese Gewißheit wieder. Mich brauchte Frau M. als Zuhörerin, die ihren Weg innerlich mitging.

Frau M. war eine gläubige Frau. Gebet und Bibelworte begleiteten viele Stationen ihres Lebens. Dieser Glaube bedeutete jedoch nicht, daß sie fraglos alle biblischen Aussagen hinnahm. Bis kurz vor ihrem Tod lebte sie mit den biblischen Verheißungen und setzte sich mit ihnen auseinander, ließ eigene Zweifel zu. Als sie spürte, daß sie nicht mehr beten konnte, sprach sie darüber und suchte sich Menschen, die sie verstanden und mit ihr gingen. Das Bild vom Haus half ihr, die schweren letzten Schritte ihres Lebensweges glaubend zu erfassen. Sie bezog die Verheißungen Gottes auf sich selber. Mit den verbliebenen Kräften konzentrierte sie sich darauf, bis sie endlich diese Botschaft für ihr eigenes Leben annehmen konnte. Die letzten Tage ihres Lebens brachten dunkle, schwere Stunden. Die Greisin erlebte diese Last deutlich, sie litt, gab jedoch das Vertrauen nicht auf, nach der Zuversicht zu suchen. Das Vertrauen zu Gott, das ihr Leben prägte, leuchtete durch die dunklen Stunden hindurch gereifter wieder auf.

Für mich gehören seither der Satz aus dem Johannesevangelium und das Sterben von Frau M. zusammen. Die alte Frau hat mich Unvergeßliches über die Kraft biblischer Verheißungen und über das Sterben gelehrt. Nach dem Tod der Patientin wurde mir erst deutlich, wie wenig ich über sie und ihr Leben wußte. Nach vielem hätte ich sie gerne noch gefragt. In den Gesprächen mit Frau M. spielten konkrete Ereignisse in der Vergangenheit nur eine geringe Rolle. Sie erwähnte manches, holte jedoch nicht zum ausführlichen Erzählen aus. Denn sie rang um Klarheit in der bedrohlichen Situation ihres Lebens.

Im nachhinein sah ich, daß es in den Gesprächen mit Frau M. um Abschied ging. Das habe ich während und unmittelbar nach den Gesprächen nicht wahrgenommen. Erst beim Nachdenken erhellte sich für mich, daß Jesu Rede vom Haus seines Vaters zu den johanneischen Abschiedsreden gehört. Wußte die Patientin von diesem Zusammenhang? Im Johannesevangelium deutet Jesus den Jüngern sein bevorstehendes Weggehen und Sterben an, indem er vom Haus seines Vaters spricht. Er sagt seinen Nachfolgern zu, ihnen dort eine Stätte zu bereiten. Die alte Frau griff am Ende ihres Lebens diese Verheißung auf als eine Brücke über den Tod hin. Ihr Blick machte nicht halt an der Schwelle ihres irdischen Lebens, das Bild der Wohnungen in Gottes Haus bot ihr eine neue Vision.

Als Krankenhausseelsorgerin habe ich viel mit alten und auch mit sterbenden Menschen zu tun. An alten Menschen fasziniert mich die innere Unabhängigkeit und ein gewisser Starrsinn. Als erschreckend erlebe ich oft ihre Unfähigkeit, sich verständlich zu machen, und die tiefe Einsamkeit, die daraus resultiert. Viele alte Menschen, die ich im Krankenhaus besuche, haben somit wohl verlernt, vertrauensvoll ihrer Umgebung zu begegnen. Ihr eigentliches Leben spielt in der Vergangenheit. In der Erinnerung daran werden sie wach. Die Gegenwart scheint wie erstarrt, neue Menschen erreichen ihr Herz kaum. Ähnlich reagieren sie auf den herannahenden Tod – weder mit Entsetzen noch mit Erwartung. So wie jeder neue Tag, der kommen wird, so wird auch der Tod nicht eigentlich wahrgenommen. Er wird mich doch unbemerkt, kampflos ereilen, ist die geheime Hoffnung. Diese Menschen zu begleiten, fällt mir schwer.

Zu Frau M. habe ich eine besondere Nähe gespürt. Wir hatten nicht viel Zeit füreinander, und doch hat diese Begegnung unvergeßliche Spuren in mir hinterlassen. Sie war fast 60 Jahre älter als ich – in meinen Augen sehr alt, und ich war für sie vermutlich sehr jung. Ihr Suchen hat meine Fragen mitaufgenommen. Es fiel mir nicht schwer, an ihrem Sterbebett zu sitzen. Wenn ich so leben könnte wie sie – unterwegs sein, beweglich bleiben und doch spüren, wo ich beheimatet bin, in Ausweglosigkeit glauben, daß es in Gottes Haus eine

Wohnung für mich gibt. Das Umgehen mit Schwerkranken, mit alten und sterbenden Menschen setzt ein ganz anderes Lernen in Gang, als es sonst im Leben, beim Studium und in theologischer Arbeit geschieht. Menschen wie Frau M. ermutigen mich, mit allen meinen Sinnen zu glauben. Ihre Vision festigt meinen Glauben, und ich kann die Menschen in ihrem auswegslosen Leiden begleiten.

DAGMAR VON MUTIUS

Und man erwacht, wenn der Vogel singt

Gedenke an deinen Schöpfer,
ehe denn die Jahre kommen, da du wirst sagen:
Sie gefallen mir nicht.
(Aus Pred. Salom. 12,1 und 44b)

... und man erwacht, wenn der Vogel singt ..." Der erste ... Der erste, einer, der versucht, den neuen Tag vorsichtig zu begreifen. Es ist, als tasteten sich unsere Gedanken des Erwachens zurecht. In der Luft, die nicht uns, sondern den Vögeln gehört. Heute und seit jeher. Sich verstehen in der Welt bedeutet immer, einen Tag neu beginnen, heißt zuhören können. Zunächst Hineinhören in die Verzweigungen der Töne. Mit dem Licht weitet sich der Vogelchor, legt den bestickten Mantel des Gesanges bis in die Täler, bis in die Häuserschluchten aus. Aber was war vorher? Nicht dieser verschlungene Gesang, nicht das Filigran der Vogelstimmen über die grauende Himmelshöhlung gelegt. Vorher war *ein* Ton. Wie konnte er mich wecken, der früheste Morgen, mit einer einzigen Stimme der Schöpfung, den die Jugend überschlief? Damals war er für einen Augenblick das Zeichen, daß die Sonne, der schöne Lebenstag, aufging.

Nun ist es ein kleiner Satz, in die Luft gesagt, der eine Antwort erwartet. Das Gesetz des Sonnenlaufs der Jahre erwartet eine Antwort. Der erste Vogel gibt sie. Und ein alter Mensch tastet sich in den Tag mit dem kleinsten Vogel.

Nach drei Versuchen, als müsse der kleine Vogel den Kristall des Morgens anritzen, folgt ein großer, gewagter Triller der regennassen Amsel. Doch was hat solche Koloratur dem Alternden noch zu sagen? Ist es nicht gerade die Zierde, die ihm nicht mehr zusteht? Auch der Jubel gehört ihm nicht mehr. Heißt es doch auch „gedämpft sind alle Töchter des Gesangs". Was gehen mich, den Alternden, die Vögel an. Wenn schon Vögel, sehne ich mich zum Kauz hin, daß der Schlaf noch einmal kommen möge vor dem schwierigen Tag. Denn jeder kommende Tag ist einer seltsamen neuen Chiffre vorbehalten, unter mein verschlüsseltes Zeichen gestellt, eine Weisung, die das abgelebte Leben vielleicht nie erkannt hat. Im heitersten Fall werde ich mein Tagespensum nicht allzu ernst nehmen, zu jenem wird mir die Ausdauer fehlen, ein nicht einzuordnendes Gefühl der Gleichmütigkeit mag auch so manches bleiben lassen, wie es ist. Oder ich werde es lustig finden, der eigenen Kauzigkeit aufzulauern: Die Brille im Eisschrank wiedergefunden; wer weiß, in welche Lade man sein Herzgedächtnis versteckte. Die tollkühne Sprunghaftigkeit der Jugend ist zur großen Ungereimtheit des Alters geworden. Lief man denn nicht schon immer Gefahr, sich einen falschen Reim zu machen? Aber welcher lächerliche Altersreim, neu ansetzende Koloratur des Unvermögens, bleibt nicht vor allem die große Ungereimtheit einer von Gott so gewollten Schöpfung? Und mit einem von W. B. Yeats nachgezeichneten alten keltischen Gedicht, das in mein Morgendämmern eindringt, versuche ich mich wieder einzuschläfern: „Wir, die wir alt sind, alt und froh, ach so alt: Tausende von Jahren, Tausende von Jahren, zählte man sie all . . ." Das ist es, Tausende von Jahren, Tausende von Jahren sogenannter Erfahrung, die keinem Nachkommenden nützt. Ein gewachsener Buckel voll Erfahrung, ein hinkender Fuß, der einen Schritt vor und zwei zurückspringt, ein Arm, der sich anklammert, statt zu umfangen. Die Ungeheuerlichkeit von Überkommenheit schlechthin, will man dem Alter in heutiger Zeit nicht den Charme von Absurdität einräumen. Der Altgewordene weiß es, es hat keinen Zweck, sich auch diesen Tag erneut mit der Gegenwart zu messen, einem Gegner, der in jedem neuen Vergessen wie im Versagen der Spontaneität unerbittlich sein Zeitgesicht zeigt. Er mag sich heiter rechtfertigen, daß ihm nun endlich die Gnade widerfahren sei, daß die Rechte nicht mehr wisse, was die Linke vielleicht auch getan habe. Im Aufbäumen gegen die gewußte Vergeblichkeit, aus der er, der Erkennende, ein ganzes Leben ein Dennoch und damit seine Würde bezog, muß er nun Farbe bekennen. Anders gesagt, sich einen eigensten – auch großartigen – falschen Reim machen. Der Ungereimtheit der Welt oder der einfachen Fragen, mit der das Kind als Fünfjähriges seine Mutter in Verlegenheit setzte: „Warum hast du mich geboren, wenn ich doch sterben muß?", kann der Alternde nur seine wertlose Treue zu Ordnungen entgegenstellen, die dennoch auf seltsame Weise eingehen wird in neue Gesetzmäßigkeiten, die er nicht mehr kennt.

Und so, noch immer eingehüllt von der unerhörten Koloratur der ersten Lichtstunde – nur wenige Minuten währt dieses Singen, als seien alle Vögel von Sinnen –, versucht der Altgewordene seinen Jubel auf einen neuen Tag, zu dem es keinen Anlaß gibt, die Zierde, die er nicht vorweisen kann, in das Geschmeide dieses Gesangs einzupassen. Ist es doch in der Schöpfung für diesen Augenblick der Gesang derer, die einig sind mit sich selbst. Wie aber zu den tausendfachen Zählern der Welt, auch seiner abgelebten Tage, soll er, der Alternde, *seinen* Nenner finden?

Und wieder bin ich auf das verwiesen, was am meisten not tut, auf das Zuhören. Der Vogelgesang, den wir nicht verstehen, lehrt uns zuzuhören. Die Stunde der Vögel – „und man erwacht, wenn der Vogel singt" –, die erste Stunde des Tages umgibt mich mit dem Netzwerk von Ungesagtem, von noch nichtverstandenen Worten. Es lohnt sich hinzuhören, sagte ich mir, auch wenn ich meinte, vor dem nächsten zu bewältigenden Tag angsttaub zu sein. Denn sollten nicht auch die eigensüchtigen Litaneien, diese „gedämpften Töchter des Gesangs", die sich nicht mehr zur Arie des grundlosen Jubels zu erheben vermögen, sollten sie nicht gerade jene Tonfrequenz mit sich führen, die nicht absolut zu hören ist?

Hier, in der frühen Morgenstunde, ist auch Anlaß, sich des 2. und 3. Kapitels des Predigers zu entsinnen, jener Verse: „Alles Vornehmen unter dem Himmel hat seine Stunde." Denn die Vögel singen im frühen Jahr auf diese unerhörte Weise nur diese eine Lichtminute: „Ich sprach zum Lachen: Du bist toll! und zur Freude: Was machst du?" (Pred 2,2). Auch bei den Vögeln kehrt jenes Verselbständigen aller Freude in die Normalität ihres Gesangs zurück. Für den Alternden kann die frühe Morgenstunde der Vögel zwischen Traum, Jubel und Tatsächlichkeit auch die Stunde sein, in der er dem großen Vokal der Nicht-mehr-Lebenden nachlauscht. Jener Stunde des „... und gedämpft sind alle Stimmen des Gesangs" im 12. Kapitel des Predigers steht der Text des 3. Kapitels zur Seite: die Stunde des „... ferne sein von Herzen" (Pred 3,5).

In den modernen Übersetzungen heißt es: „Herzen hat seine Zeit, aufhören zu herzen hat seine Zeit." Das „... ferne sein von Herzen" ist aber die Fassung, die miteinschließt, was immer ist und auf uns zukommt, als wir noch nicht an Verlust dachten. Verlust dessen, was nie Besitz gewesen ist, nur die große Begleitung. Im Erinnern an Menschen, im Hören ihrer Stimme, eines Lachens, im Wiedererkennen einer Modulation, im betroffenen Erinnern an ein Zögern der etwas heiseren, leisen Stimme wird dem Vokal der Nicht-mehr-Lebenden ihre von uns überhörte Mitsprache wiedergegeben. Die Stunde der Vögel umgibt uns mit dem Netzwerk der ungesagten, nicht mehr zu sagenden Worte. Es ist das „. . . Ferne-sein-von-Herzen-Netz", in das wir getrost, wie gewiegt, fallen.

Könnte der Bruch zwischen „herzen und ferne sein von Herzen", „Erwachen, wenn der Vogel singt" und zugleich „gedämpft sind alle Töchter des Gesangs" nicht das Gleichgewicht sein, das die eigentliche Zierde des Alters ausmacht?

Warum hatten wir das vergessen? Nicht jene Stunde des Umarmens oder des Herzens hat uns ein Leben lang zuhören gelehrt, sondern das „. . . ferne sein von Herzen" führte uns zu genauerem Hinhören. Wie fern sind dem Menschen die Vögel, obwohl wir sie lieben. Hinhören heißt zunächst, sich überraschen lassen. Der scheinbare Widerspruch führt dahin, daß ein genaueres Hinhören auf die Eigenständigkeit des Gegenübers die Fortführung unseres Tagewerks bewirkt. Sind denn dem Schreibenden seine Gestalten nicht schon immer vorausgeeilt? Er hat sie nicht erdacht. Der Pinsel, der Federstrich hat Welt auf das Blatt geworfen, bevor der Maler von solcher Vollendung wußte. Der Zirkel der Forschung zieht seine Kreise vom Ansatz seines Gedankens hin zu einem anderen, der von uns weg zum Fremden führt. Könnte denn die Zierde des Alters nicht das nach-denkende Hinschauen und Hinhören sein?

Die Ungereimtheiten aller Erfahrung, unser Buckel der Sorge und des Besser-Wissens, der die Jugend erschreckt und mahnt, der hinkende Fuß, der uns hindert und dennoch so weit brachte, der Arm, der umfangen wollte und nun das „Ferne-sein-von-Herzen" getrost in der verknöcherten Hand behielt, ist dies nicht der eigentliche Stolz des tollkühnen, in Ansicht und Wissen überlebten Alters?

Und man erwacht, wenn der Vogel singt ... Einer, der dem Entwurf seiner Person nachlauscht – einer, den auch die gedämpften Töchter des Gesangs mitwiegen. Einer wie ich, der versucht, den neuen Tag vorsichtig zu begreifen, der den verschlüsselten Reim da und dort in dem gewagten Triller, in dem beinah überhörten Satz eines anderen herauszuhören meint und damit die Weisung seines neuen Tages.

In der atemlosen Ungewißheit und dem tollkühnen Stolz: „Wohin geht die Reise" hat das Alter seinen eigentlichen großen Monolog. Einmal wird alle Ungereimtheit der Welt und er unterbrochen sein. Noch kann der Alternde lauschen, dem Fremden zuhören, seine eigenste Skandierung in das Chorwerk des neuen Tages einpassen. Hat nicht auch der kleinste Vogel der Schöpfung in dieser Stunde sich seinen Vers gemacht?

BERNHARD KRAUS

Ich möcht', daß einer mit mir geht

Emmaus-Gänge mit älteren Menschen

(Luk 24,13-35)

Zwei Menschen unterwegs:
enttäuscht, mutlos.
Wofür sie sich eingesetzt haben,
war gescheitert –
jetzt lassen sie einen Trümmerhaufen
hinter sich.
Ihre Gespräche drehen sich endlos im Kreis:
wo ist der Sinn, die Bedeutung ihrer Erlebnisse?
So gehen sie,
der untergehenden Sonne entgegen
ins Dunkel.

Die Runde derer, die versucht, ihre eigene Lebenserfahrung in der Erfahrung der beiden „Emmaus-Jünger" zu entdecken, tut sich nicht leicht. „Die können nicht diskutieren", sagte mir der Leiter des Altenclubs schon vorher. Fast entschuldigend fügte er hinzu: „Unsere Generation hat das eben nicht gelernt."

Ich beginne den biblischen Text nachzuerzählen, so daß alle sich in die beiden auf ihrem Weg nach Emmaus hineindenken können: Die beiden Jünger, denen Jesus auf ihrem Weg nach Emmaus begegnet und den sie nicht erkennen. Erst als er am Abend mit ihnen gemeinsam ißt und trinkt, merken sie, daß er es ist, der sie den ganzen Tag begleitet hat, der ihnen die Schriften ausgelegt hat. Dann lade ich ein, eigene Erfahrungen mitzuteilen. „Zum Glück sind die beiden Jünger nicht allein", sagt schließlich jemand nach einer längeren Pause, „solche Wege kann man allein nicht durchstehen." Schweigen. „Wo sind die anderen? Die haben sich hinter dicken Mauern eingeschlossen. Die haben sich vor Angst verkrochen. Die beiden sind mutiger und sind davongelaufen, um vielleicht doch noch mal neu zu beginnen. Auch mir war es schon oft zum Davonlaufen, aber ich hatte keinen Mut." Das ist der Schlüssel für andere, von ihren Enttäuschungen und niederschmetternden Erfahrungen zu erzählen: die Kinder, die eigene Wege gehen, zu denen kaum noch Kontakt besteht; die Beziehung zum Ehepartner, die nach langen Jahren nun leer und brüchig erscheint; der Rückblick auf das Berufsleben; die lange Pflege der Schwiegermutter und der Weg durch die Trauerzeit; Verletzungen und Enttäuschungen von kirchlichen Amtsträgern ...

Ein Fremder kommt dazu, teilt ihren Weg,
nimmt ihre Schrittlänge an,
kann zuhören,
zeigt Interesse an dem,
was sie bewegt und bedrückt.
Da bleiben sie traurig stehen
und berichten nochmals alles
von Anfang an.

Wir erzählen einander von „zufälligen" Begegnungen, die bereichernd waren; von der beglückenden Erfahrung, wenn es gelungen ist, Fremdes und Neues nicht abzuwehren; von Weggemeinschaften, bei denen es möglich war, Sorgen und Plagen auszusprechen, die lange heruntergeschluckt wurden; von Menschen, die zuhören können, sich nicht heraushalten, die nicht gleich anfangen zu vertrösten und zu harmonisieren; von Situationen, in denen es möglich war, den Alltagstrott zu unterbrechen, zurückzuschauen und dem Sinn und Zusammenhang alles Erlebten nachzugehen.

Die Frage, ob in all dem Gott unsere Wege begleitet – ob wir selbst für andere Gott vergegenwärtigen – bringt eine Wende in das Gespräch: „Ich habe gelernt, daß Gott der ganz Ferne ist, der hoch über mir thront, der streng ist und mich überwacht, vor dem ich ganz klein bin und von dem ich fast erschlagen werde." Andere bestätigen, daß auch ihr „Gottesbild" kaum anders aussieht. Ich erschrecke, wie weit das Gottesbild vieler (nicht nur) älterer Menschen vom biblischen Gott entfernt ist. Nur wenig hat es zu tun mit dem gütigen Vater, dessen Nähe in Jesus Christus deutlich wurde, der unsere Wege auch durch „dunkle Schluchten" (Ps 23,4) begleitet, der sich mitten in unser Leben und unsere Beziehungen hineingegeben hat . . .

Alle Worte gehen ins Leere,
erst als Er sich mitteilt
im Zeichen von Brot und Wein,
springt der Funke über,
wird zur Gewißheit, daß Er bei ihnen ist
und ihre Trauer verwandelt hat in neuen Lebensmut.
Da gehen ihnen die Augen auf:
Brannte nicht unser Herz,
als wir mit Ihm zusammen waren?
Mitten in der Nacht
machen sie sich nochmals auf den Weg.
Verflogen ist ihre Müdigkeit.
Sie laufen zu den anderen,
um die frohe Botschaft weiterzuerzählen.

Solche Stimmungsumschwünge hat jeder erlebt und dabei erfahren, daß Zeichen mehr bewirken können als alle Worte. Kleine Zeichen der Zuneigung, der Ermutigung, der Versöhnung; leicht übersehbare Zeichen der Gegenwart Gottes in der Schöpfung, im Zusammenleben und im eigenen Leben. Das Zeugnis der Frauen vom leeren Grab und der Botschaft des Engels kam bei den beiden Emmaus-Jüngern nicht an, ebensowenig die Schriftauslegung durch den Fremden. Erst bei der Tischgemeinschaft, wie er das Brot mit ihnen brach und Gott lobte, konnten sie verstehen und merken, daß ihnen „das Herz" brannte. So ist auch die Gegenwart Gottes in unserer Lebensgeschichte nur mit offenem Herzen wahrnehmbar. Alle Worte, wenn sie noch so richtig sind, gehen sonst ins Leere. Damit diese Offenheit wachsen kann, ist eine Atmosphäre des Vertrauens Voraussetzung. Die beiden Jünger sehen das bisher Erlebte in neuem Licht. Nun hat die Nacht ihre Schrecken verloren. Sie haben eine Perspektive und sehen eine Aufgabe. Da hält sie nichts mehr, sie eilen zu den anderen und berichten, wem sie auf ihrem Weg begegnet sind. Aufbruchsbereitschaft – könnte das nicht eine Grundhaltung beim Älterwerden sein?

Leben in begrenzter Zeit

Wenn ältere Menschen ihre Lebenslinie aufzeichnen sollen, zeichnen viele in der Kindheit und Jugend eine aufstrebende Linie, die einige Jahre auf der „Höhe des Lebens" verharrt, dann immer schneller in die Tiefe sinkt und auf einen unheimlichen, dunklen Abgrund zusteuert. Die Erfahrung, daß die eigene Lebenszeit begrenzt ist und daß Lebensentscheidungen nicht rückgängig gemacht werden können, ist älteren Menschen stärker bewußt als jüngeren.

Die beiden Menschen der Emmaus-Erzählung sind auch in dieser depressiven Stimmung, die vielen Älteren vertraut ist: Der „Tag" des Lebens mit Wärme, Helligkeit und Lebensfreude liegt hinter einem. Jetzt wird es dunkler, einsam, traurig – es will „Abend" werden, der Tag hat sich geneigt. Auch das Leben neigt sich der endgültigen Nacht zu, die unwiderruflich näher rückt. Der biblische Text hilft uns, solche Untergangsstimmungen zuzulassen. Das Schmerzhafte und Dunkle des eigenen Lebensweges, alle Schwächen, Fehler und Versäumnisse brauchen nicht weggeschoben zu werden. Sie dürfen zur Sprache kommen. Dies ist ein erster Schritt, die Niedergeschlagenheit zu überwinden, sie vielleicht sogar in „Aufbruchsbereitschaft" zu verwandeln, wie es in der Emmaus-Erzählung möglich wird.

Das Ernstnehmen der Begrenztheit unserer Lebensmöglichkeiten und Lebenszeit muß nicht in Verzweiflung und Depression hineinführen. Ich konnte inzwischen viele Menschen kennenlernen, die durch das Älterwerden eher zu einem intensiveren und entschiedeneren Leben gefunden haben. Jeder Tag ist für sie ein kostbares Geschenk und eine neue Herausforderung. Immer wieder beeindruckt es mich, wenn ältere Menschen eine Hoffnungsperspektive entwickeln, die über ihre Lebenszeit weit hinausreicht – etwa im Einsatz für ihre Kinder und Enkel oder für die Bewahrung der Schöpfung oder in drängenden sozialen und politischen Fragen. Der Emmaus-Text macht Mut, auch an der Todesgrenze nicht zu verzweifeln. Das grausame Sterben Jesu, auf den die Jünger ihre ganze Hoffnung gesetzt hatten, erschütterte sie zutiefst. Die Erfahrung, daß Jesus den Tod überwand, daß er lebt und in Gemeinschaft mit ihnen bleiben wird, gibt ihnen neuen Lebensmut. So wird ihre Hoffnung bestärkt, daß auch ihnen im Tod die Vollendung ihres Lebens geschenkt wird.

Lebensrückblick

Wie die beiden Emmaus-Jünger grübeln auch viele ältere Menschen über das Geschehene, das nicht mehr änderbar ist. Suchend schauen sie zurück auf ihre Lebensgeschichte, in der nur mühsam der Sinn sichtbar wird. Der Theologe Karl Rahner hat mit Recht darauf hingewiesen, daß man beim Älterwerden sein Leben keineswegs einfach hinter sich gebracht hat, vielmehr bestehe eine entscheidende Lebensaufgabe jetzt darin, das gelebte Leben immer wieder „vor sich" zu bringen und dessen tieferen Sinn zu erfassen.

Könnte es nicht ein zentraler Auftrag für das kirchliche Handeln mit älteren Menschen sein, Orte und Gelegenheiten für solche „Lebensrückblicke" zu schaffen?

Ich beobachte, daß die Sehnsucht bei Älteren groß ist, sich nicht ständig von neuen Eindrücken überfluten zu lassen, sondern innezuhalten, um sich auf ihre Lebenserfahrung zu besinnen: wo ist in Bruchstücken, auch in Trümmern, Schuldgefühlen und wirklicher Schuld, in allem Unveränderlichen – aber auch in dem noch Änderbaren der „rote Faden", der tiefere Zusammenhang und Sinn meines Lebens verborgen? Das Gespräch über lang zurückliegende Ereignisse, die, aus welchem Grund auch immer, „einem nachgehen", hat deshalb hohe Bedeutung. So kann aus einer Vielzahl von Erlebnissen eine Er-innerung werden, die in der Seele eines Menschen zusammenfließt und integriert wird.

Sehnsucht nach Wegbegleitung

Noch eine andere Frage älterer Menschen ist Thema der Emmaus-Erzählung: die Angst vor der Einsamkeit, die Sehnsucht nach Begegnung und der Wunsch, seinen Weg nicht allein gehen zu müssen. Im Vergleich zu früheren Generationen ist das Eingebundensein der Älteren in der Mehr-Generationen-Familie seltener geworden. Ältere Menschen leben heute häufiger allein in ihrem Haushalt, viele sind verwitwet, Kinder und Enkel wohnen nicht am Ort, verwandtschaftliche Beziehungen wurden schwächer. Dennoch halte ich es für ein Vorurteil, Älterwerden führe fast automatisch zu Einsamkeit. Die meisten, die im Alter über Einsamkeit klagen, hatten schon in früheren Jahren wenig Kontakt über den engsten Familienkreis hinaus. Auch älteren Menschen ist es durchaus möglich, sich neue Beziehungen und Freundschaften aufzubauen. Es ist erstaunlich, wie viele Menschen im Alter noch einmal umziehen, einen neuen Anfang wagen oder sich mit Dingen beschäftigen, zu denen sie im bisherigen Leben keinen Zugang hatten.

Gebraucht werden

Für viele Ältere ist die Erfahrung des Nicht-mehr-gebraucht-Werdens bedrückend. In unserer Leistungs- und Konkurrenzgesellschaft zählt vor allem, wer Geld verdient und im Konsumleben mithalten kann – dabei werden die Älteren an den Rand gedrängt. Auch die rasante Entwicklung der Technik und der tiefgreifende Wertewandel hat dazu geführt, daß viele Ältere sich nur noch in einer Zuschauerrolle sehen, sich ausgeschlossen fühlen.

Ich bin immer wieder erstaunt, für wie unwichtig viele Ältere ihre eigene Lebenserfahrung halten: „Das interessiert doch niemand", meinen sie. Aus meiner eigenen Erfahrung aus der Arbeit mit Jugendlichen muß ich hier widersprechen. Jüngere sind durchaus an den Erfahrungen Älterer interessiert, solange sie nicht mit erhobenem Zeigefinger vorgetragen werden. Vielleicht ist das Gespräch in der Familie oft schwierig geworden, aber könnte es dann nicht andere Orte geben, an denen die Tradition des Erzählens und Zuhörens gepflegt wird? Ein afrikanisches Sprichwort gibt zu denken: „Wenn ein alter Mensch stirbt, ist es so, wie wenn eine ganze Bibliothek abbrennt." Und es sind gerade die schwierigen Lebenserfahrungen, das Lösen von Konflikten, das Durchstehen vielfältiger Not, die diese „Bibliothek" so wertvoll machen.

Die Emmaus-Geschichte erinnert daran, wie Lebenstraditionen weitergegeben werden: Menschen bezeugen das, wofür sie mit ihrer eigenen Erfahrung und Überzeugung einstehen. So kann auch der Glaube weitergegeben werden. Ich habe den Eindruck, daß viele Ältere darunter leiden, daß es ihnen nicht gelungen ist, den Glauben ihren Kindern weiterzuvermitteln, weil sie Glauben zu sehr als ein System von Sätzen, Moralvorschriften und frommem Brauchtum verstanden und es nicht lernten, auch von eigenen Glaubenserfahrungen zu sprechen.

Sollte ich mit einem einzigen Begriff sagen, wie ich meine Rolle als jüngerer hauptberuflicher Mitarbeiter im Zusammenwirken mit älteren Menschen sehe, so würde ich sagen: *Wegbegleiter* möchte ich sein. Die Emmaus-Erzählung ist für mich ein biblischer Schlüsseltext. Denn hier ist am Verhalten Jesu deutlich ablesbar, *wie Wegbegleitung gelingen kann:* Ein Wegbegleiter kommt zu denen, die schon länger unterwegs sind. Er geht ein Stück des Weges mit, bis sich die Wege wieder trennen. Er ist nicht ein Anführer, der von vornherein weiß, welches der richtige Weg für die Begleiteten ist. Auch nicht ein Wegweiser, der anderen den Weg zeigt, sich selbst aber nicht vom Fleck bewegt. Er muß zulassen können, daß andere Umwege machen und vielleicht sogar in eine „falsche" Richtung mitgehen (wie auch Jesus mit den Emmaus-Jüngern in die „falsche" Richtung mitgegangen ist). Er drängt sich nicht auf.

Die Emmaus-Erzählung ermutigt, die Lebenswege jedes einzelnen Menschen ernst zu nehmen. Ich lerne, besser zu sehen, daß ältere Menchen viel unterschiedlicher sind als etwa Jugendliche. Sie sind jeweils geprägt von ihrer Geschichte, vom „Schicksal", das angenommen werden muß, und von eigenen Lebensentscheidungen, die aber noch viele Entwicklungs- und Wachstumsmöglichkeiten enthalten, oft mehr, als ihnen zugetraut wird und sie sich selbst zutrauen. Jeder ist einmalig mit seiner Geschichte, in seinen Freuden und Hoffnungen – aber auch mit seinen Schmerzen und Leiden. Der Emmaus-Text hilft, auch die Schattenseiten anzunehmen, und befreit von dem Druck, Schwächen und Fehler mit sich allein abmachen zu müssen. Bei der Emmaus-Geschichte fällt mir auf, daß Jesus keinerlei Anweisungen gibt, daß er seine Autorität, sein Wissen nicht ins Spiel bringt. Er fordert nicht, sofort umzukehren und zu den anderen zurückzugehen – aus eigenem Entschluß müssen die Jünger diesen neuen Weg einschlagen. Dieses Ernstnehmen der Würde jedes Menschen, die bei Jesus deutlich wird, vermisse ich oft im Umgang mit älteren Menschen.

Der Emmaus-Text ermutigt zum Mitgehen, zu dem Bemühen, die „Schrittlänge" älterer Menschen anzunehmen, ihre Herkunft zu verstehen und von ihren Hoffnungen zu erfahren. Er bewahrt davor, zu meinen, daß wir Jüngeren wissen, was für alte Menschen gut ist und sie deshalb zuviel zu umsorgen oder gar zu pädagogisieren. Ich versuche, Menschen möglichst in ihrer Ganzheitlichkeit zu sehen und anzusprechen. Die christliche Botschaft hat den ganzen Menschen im Blick, die Einheit von Körper, Verstand, Gefühlen und den Sinnen, die Vergangenheit, Gegenwart und Zukunft jedes Menschen. Im Miteinanderleben von Jungen und Alten kann es nahezu zu einem Gleichgewicht von „Geben" und „Empfangen" kommen. Auch wenn der Mensch hinfällig ist, kann er anderen etwas geben – so ist es gut, zu erspüren, welche Botschaft ein älterer Mensch für mich hat, und sei es nur, daß er mich mit dem eigenen Älterwerden und meinen Grenzen konfrontiert.

Der Emmaus-Text zeigt, wie das Miteinander-Unterwegssein in eine neue Gemeinschaft unter Menschen und mit Gott hineinführt. In solchen Emmaus-Erfahrungen wird für mich ein Traum von Kirche Wirklichkeit: unterschiedliche Menschen sind aufgebrochen aus ihrer Resignation und ihrem Um-sich-selbst-Kreisen. Jeder geht seine Schritte, so gut er kann; auf unterschiedlichen Wegen sind sie doch miteinander auf dem Weg und haben ein gemeinsames Ziel. Sie suchen die Zeichen der Zeit zu verstehen und haben Anteil an dem umfassenden Prozeß der Verwandlung und Vollendung des Lebens.

II. Erinnertes Leben

Ein Bilderbuch scheint alles, was vergangen,
Du blätterst drin, geschützt vor Sturm und Eis.

So mild ist oft das Alter mir erschienen:
Wart nur, bald taut es von den Dächern wieder,
Und über Nacht hat sich die Luft gewendet.

Ans Fenster klopft ein Bot' mit frohen Mienen,
Du trittst erstaunt heraus – und kehrst nicht wieder,
Denn endlich kommt der Lenz, der nimmer endet.

JOSEPH VON EICHENDORFF
(Aus: Das Alter)

GERTRUD FRAUENKNECHT

„... das zähl' ich zu dem Wunderbaren ..."

„Denn es sollen wohl Berge weichen
und Hügel hinfallen,
aber meine Gnade soll nicht von dir weichen,
und der Bund meines Friedens soll nicht hinfallen,
spricht der Herr, dein Erbarmer."
(Jes 54,10)

Da sitze ich am Sonntag Exaudi, dem 31. Mai 1987, in der noch immer harten, unbequemen Kirchenbank – früher war sie zu hoch, jetzt ist sie zu schmal – zur Feier der goldenen Konfirmation. Wie sich später zeigt, gehöre ich zu den wenigen, die von weiter her – immerhin 400 km – in die fränkische Heimatstadt Fürth gekommen sind. Der zeitliche Abstand ist vielleicht noch größer, denn 34 Jahre Abwesenheit von diesem Ort und vorher schon die „Wanderjahre" als Fahrschülerin, Arbeitsdienstmaid und Studentin ließen nur noch wenige lose Verbindungen aus den Kinderjahren bestehen. So wird dieser Tag kein großes Wiedersehensfest mit vertrauten Menschen, sondern Erinnerung an die Wurzeln des Glaubens, die hier vom Kindergottesdienst an gewachsen sind.

Der etwas strenge klassizistische Bau aus dem Jahr 1826 im damaligen Friedhof, die „Auferstehungskirche", die auch als neue Kirche der Stadt die schnell wachsende Gemeinde aufnahm, war lange Zeit nur meine „zweite Liebe". Zu gerne wäre ich und bin ich in die überlieferungsreiche Michaelskirche gegangen.

Aber wir wohnten im neuen Bezirk. Meinem Kinderwunsch, sich das Gotteshaus nach Schönheit oder gar nach dem mir sympathischeren Pfarrer auszusuchen, stand die Feststellung meiner Großmutter entgegen: „In die Kirche geht man zum lieben Gott und nicht zum Pfarrer." Ein Satz, der mir im Leben in ganz anderem Sinn noch oft helfen sollte.

An diesem Sonntag vor Pfingsten mit dem Predigttext aus dem Evangelium nach Joh 7,37–39 und dessen Kernvers: „Wer an mich glaubt, aus dessen Innersten werden Ströme lebendigen Wassers fließen", erfüllten mich aber noch andere Gedanken. Was weiß ich eigentlich noch vom Tage der Konfirmation am 21. März 1937, an dem mir das eingangs genannte Prophetenwort Jesaja 54,10 von der unverrückbaren Gnade Gottes und seinem Bund mit uns zugesprochen worden ist? Sicher bin ich, daß dieser Vers damals für mich nicht so wichtig war. Das erste Abendmahl, verbunden mit der Konfirmation, blieb viel deutlicher in Erinnerung. Die Beichte war am Samstagnachmittag vorausgegangen, und meine kindlich sorgenvollen Gedanken galten der Überlegung, ob ich wohl in den dazwischenliegenden 20 Stunden wirklich nicht „neu gesündigt" habe. Welche Vorstellung! Den befreienden Gang zum Tische des Herrn lernte ich erst später, vor allem zu Beginn der fünfziger Jahre in der bunt zusammengewürfelten Gemeinde unserer neuen rheinischen Heimat.

Auch den Sinn der Widmung im Gesangbuch erfaßte ich erst später in seiner Tragweite. Ein junger Onkel, damals Theologiestudent, schrieb zum Konfirmationstage: „Laß dir den Glauben nicht nehmen, daß Er der Sohn des lebendigen Gottes war und dort oben noch ist; dann kann Er in aller Not dir treuen Beistand senden."

In der Rückschau gehören beide Worte zu meinem Lebenslauf „als erwachsener Christ"; dieses nun zu sein, versicherten wir Freundinnen uns nach der Konfirmation immer wieder, wenn wir uns nicht ernst genommen fühlten: Beide Zusagen waren Ausgangspunkte für den weiteren Weg, gleichsam zuversichtliche Geleitworte in ein reiches Leben.

Es fällt nicht schwer, die Rückschau auf ein halbes Jahrhundert unter das Jesaja-Wort zu stellen. Aber wird sie dadurch nicht womöglich verklärt? Kann „erinnertes Leben" Anspruch wenigstens auf annähernd wahrheitsgemäße Ausführungen erheben? Der Versuch einer Wiedergabe wesentlicher Erfahrungen soll gewagt werden.

Damals habe ich den Konfirmationsspruch ohne alle Bedenken als mir persönlich zugesagtes, ja als mir gehörendes Bibelwort genommen, dessen bin ich sicher.

Ein Gang nach einem nächtlichen Bombenangriff im Kriegssommer 1944 durch die noch rauchenden Schuttberge vom Hauptbahnhof in München zum Lazarett in Schwabing rief mir plötzlich das Bild von den „weichenden Bergen" und den „hinfallenden Hügeln" ins Gedächtnis. Hier waren zusammenbrechende (Häuser-)Berge Wirklichkeit – wie auch ein knappes Jahr später beim ersten Wiedersehen mit der seit Kindertagen so geliebten Altstadt von Nürnberg, die nur noch aus zusammengefallenen Steinhaufen bestand. Da wurden die eigenen Sorgen um die ungesicherte Zukunft klein und die Dankbarkeit für viel Bewahrung groß. Die beginnenden Ströme von Flüchtlingen, der Schmerz vieler Frauen, die verzweifelt und oft vergebens auf Nachricht oder Rückkehr der Ehemänner warteten, all dies machte mir deutlich, daß es unverdiente Gnade war, davon nicht persönlich betroffen zu sein.

Freilich waren bis in die Jahre des Studienabschlusses und der Familiengründung auch die Bedenken gewachsen, das Prophetenwort so für mich zu vereinnahmen.

Schließlich galt die tröstliche Botschaft dem geschlagenen und zerstreuten Gottesvolk. Aber ich hatte ja die Widmung im Gesangbuch als Brücke: Christus als „treuer Beistand in aller Not", er hat den Friedensbund Gottes für mich ganz persönlich geschlossen. Heute lese ich den biblischen Zusammenhang, in dem mein Konfirmationsspruch steht, noch einmal mit anderen Augen. Die Verheißung der neuen Gnadenzeit geschieht in der Form der Botschaft an eine verachtete, weil unfruchtbare Frau. Welch großartige Bilder! Sie wahrzunehmen haben nicht zuletzt viele Jahre der Zusammenarbeit mit Frauen beigetragen, die ihr Leben an der Bibel auszurichten willens waren.

Das hat ganz einfach angefangen. Wir, eine junge Familie mit zwei noch nicht schulpflichtigen Kindern, hatten am Dienstsitz meines Mannes in Bonn eine Wohnung gefunden. Für mich bedeutete das eine völlig neue Lage: keine Möglichkeit der Weiterarbeit an der Universität, nicht mehr die stets erreichbare Hilfe durch Mutter oder Schwester, völlig fremde Menschen ringsum. Aber es gab eine Kirchengemeinde und in ihr einen erst entstehenden „Mütterkreis", für die Tochter und später den kleinen Sohn einen Gemeindekindergarten, für meinen Mann und mich einen Hausbibelkreis, den wir zunächst aber nur abwechselnd besuchen konnten. Hier fanden wir Gemeinschaft, die zur Heimat wurde. Alle, die sich hier trafen, hatten die gleichen Ausgangsbedingungen. Die bald zur Minderheit gewordenen Einheimischen waren hilfreiche und freundliche Lehrmeister und Lehrmeisterinnen. Ein modernes Kirchengebäude wurde errichtet. Wir, die Gemeindemitglieder, einigten uns auf den Namen „Friedenskirche". Dort standen bald die Wahlen zum Presbyterium an. Ich wurde gewählt. Nun waren wir drei Frauen, immerhin ein Viertel des Presbyteriums, damals 1954! Aber die Wurzeln waren der Mütterkreis. Erst allmählich wurde mir klar, daß diese Gruppe gleichsam die „Jugendabteilung" eines freien unabhängigen Vereines – der „Evangelischen Frauenhilfe" – war.

Unvoreingenommen konnte ich mich der großen, überlieferungsreichen Gemeinschaft von Frauen freuen, zumal sie nicht Selbstzweck war, sondern durch ihre vielfältigen, freiwillig übernommenen diakonischen Aufgaben sich offen anderen zuwandte.

Im Laufe der Jahre blieb es reizvoll, sich mehr und mehr für die Ziele dieses Verbandes einzusetzen, wenngleich die Anforderungen an den ehrenamtlichen Einsatz, schließlich als Vorsitzende des Landesverbandes, oft meine Kräfte zu übersteigen drohten. Doch in der Rückschau kann ich sagen: Durchhalten können gehörte wohl auch zu der unerwarteten Freude, ebenso daß der Ehemann und die heranwachsenden Kinder Verständnis und Hilfsbereitschaft zeigten und Anteil nahmen an dem, was mich in diesen Aufgaben beschäftigte.

Zwei recht unterschiedliche Seiten hatte diese Arbeit: Zuerst ging es um die Verantwortung für die Tätigkeiten eines großen Vereines, der in anderen Frauenverbänden und -gruppierungen vertreten werden mußte. Daneben war er aber auch eingebunden in Synoden und Ausschüsse der Landeskirche und des Diakonischen Werkes. Nicht minder wichtig war die enge Verbindung zu örtlichen und regionalen Frauengruppen an der Basis, vom Saarland bis nach Wetzlar, von der Nahe bis zum Niederrhein. Bei ihnen erlebte ich treue Zusammenarbeit, Geduld und Dankbarkeit. „Tradition heißt nicht tote Asche aufheben, sondern eine Flamme am Brennen halten." Die Wahrheit dieses Wortes des französischen Sozialisten Jean-Jacques Gaurès (1859–1914) haben viele Frauen in ihren gemeindlichen Frauenhilfen mich gelehrt. Ihren Kräften gemäß – auch den im Alter nachlassenden – haben sie dafür gesorgt, daß begonnene Aufgaben auch weitergeführt wurden. Oft genug waren dies kleine Flämmchen, aus der Ferne kaum auszumachen neben lodernden Strohfeuern der Begeisterung für Neues, die wieder erloschen. Doch dann, wenn „Not am Menschen" war, halfen diese Frauen wie selbstverständlich, übernommene Aufgaben weiterhin zu erfüllen.

Einer zweiten Gruppe von Frauen gilt mein erinnernder Dank. Viele einzelne sind es. Gemeinsam war ihnen die Lebenszeit, die sie mir voraushatten. Ihre Kindheit lag zu Beginn dieses Jahrhunderts – und der Besuch weiterführender Schulen oder gar einer Universität war damals ein meist hart erkämpftes Wagnis. Nach dem Ersten Weltkrieg nahmen sie sich der Nöte der Familien, im besonderen von Frauen und Kindern an. Sie traten – oft belächelt – in Parteien ein, wirkten vor allem in diakonischen Gremien mit. Nach dem Zweiten Weltkrieg konnten sie uns dann ihre „Schlüssel" zu den Türen weiterreichen, die wir nur aufsperren mußten, während sie in schweren Berufsjahren lange davor gestanden hatten. Daß ich in kirchlichen, sozialen bzw. diakonischen Gremien und bei der Evangelischen Frauenarbeit von dieser älteren Frauengeneration lernen durfte und einige noch heute als verläßliche Begleiterinnen habe, zähle ich zu der mir widerfahrenen Treue Gottes.

Eine weitere Reflexion meines Konfirmationsspruchs möchte ich nicht verschweigen. Es sei der Germanistin gestattet, die es von Jugend an gelernt hat, Sprache wörtlich zu nehmen. Das „Weichen der Berge" und das „Hinfallen der Hügel" können ja im menschlichen Leben auch eine sehr hilfreiche Sache sein. Wie oft standen Sorgenberge und Hügel der Enttäuschung vor mir, die zunächst unüberwindlich schienen. Nicht nur in der Optik wurden sie bei näherem Herantreten eingeebnet.

Die Zuversicht in Gottes gnadenreiche Hilfe und das Vertrauen, daß sich stets Menschen fanden, um mit mir zu gehen, ließen Hindernisse nehmen. Manchmal galt es auch, Aus- und Umwege zu suchen. Das Geschick, Schwierigkeiten nicht überzubewerten, so merkte ich dankbar im Laufe meines Lebens, war mir offenbar in die Wiege gelegt. Ich kann es bis heute gut mit Goethes Mutter halten, die am 27. Oktober 1807 – mit 76 Jahren – in einem Brief an ihren Sohn schrieb: „Ich such keine Dornen, hasche die kleinen Freuden; sind die Thüren niedrig, so bücke ich mich; kann ich den Stein aus dem Weg tun, so tue ich es; ist er zu schwer, so gehe ich um ihn herum . . ."

Diese Haltung erleichtert auch das, was schon ein paar Jahre vor dem Tage der goldenen Konfirmation begonnen hatte und bald danach abgeschlossen war: das Loslassen aller Ämter und Aufgaben. Entlastung ist etwas Wunderbares, der Terminkalender, nun mit vielen freien Feldern, bietet einen herrlichen Anblick! Aber wenn er dann zu leer wird, gilt es, neues, sinnvolles Tun zu suchen. Nun können mehr die Menschen ins Blickfeld rücken, die in der näheren und weiteren Umgebung oft aus Zeitmangel zurücktreten mußten. Zur Gewißheit ist mir jetzt auch eines geworden, dessen ich mir schon immer ziemlich sicher war: Auch in Lebensabschnitten, in denen wegen der familiären Pflichten kaum Zeit dafür bleibt, sollten die Verbindung zum erlernten Beruf und die Betätigung auf diesem Felde – sei es auch noch so spärlich – nie ganz aufhören. Allein damit ist das „Genießen" jener Früchte im Alter gesichert. Ich kann nur noch einmal Mutter Aja anführen: „. . . so finde ich alle Tage etwas, das mich freut; und der Schlußstein – der Glaube an Gott, das macht mein Herz froh und mein Angesicht fröhlich . . ."

Mein Konfirmationsspruch, anfangs gar nicht so sehr

beachtet, ist mir jetzt wichtiger denn je. Ich beanspruche ihn – besonders in seinem zweiten Teil – nun wieder ganz für mich. Im Sinne des Wortes von Wilhelm Raabe: „Der Glaube versetzt Berge, aber die Liebe bedeckt das kalte Gestein mit Grün und Blumen" will ich viel von der Liebe weitergeben, die ich durch die Gnade Gottes erhalten habe.

OTTO BETZ

Nur wer sich erinnert, kann erzählen

„Geh in dein Haus und zu den Deinen,
und berichte ihnen,
was der Herr dir Großes getan
und wie er sich deiner erbarmt hat."
(Mk 5,19)

„In jener Nacht konnte der König nicht einschlafen. Darum ließ er sich das Buch der Denkwürdigkeiten, die Chronik, bringen, und man las ihm daraus vor", so berichtet das Buch Ester von König Artaxerxes (6,1). Die Vorlesung erinnert den König an eine Begebenheit, die er schon ganz vergessen hatte: Ein Attentatsplan war durch den jüdischen Hofbeamten Mordechai aufgedeckt und verhindert worden. Jetzt wurde es endlich Zeit, sich daran zu erinnern und dem Mann den ihm gebührenden Dank abzustatten.

Es gehört zu den Vorrechten des Menschen, sich erinnern zu können. Die Vielfalt unserer täglichen Erlebnisse bleibt nur in Bruchstücken haften, manches gerät gleich wieder in Vergessenheit, anderes wird aus dem Bewußtsein verdrängt, weil es unangenehme Gefühle hervorgerufen hat. Wieder anderes wird von unserem Gedächtnis gespeichert, mit der Zeit aber verändert sich der Eindruck, wird beschönigt oder vergröbert. Es ist gut, sich den vergangenen Vorgängen zuzuwenden, die „Chronik" des Geschichte gewordenen Wegverlaufs aufzuschlagen und sich darauf zu besinnen, was gewesen ist. Wir Menschen sind zwar auf unsere jeweilige aktuelle Gegenwart angewiesen, aber wenn wir herausfinden wollen, warum wir so geworden sind, wie wir sind, dann müssen wir manche Wege im Geiste noch einmal gehen, müssen Stationen nachvollziehen, uns den Stunden der Entscheidungen noch einmal stellen.

Erst wenn wir die bunten Eindrücke des Alltages in einen größeren Zusammenhang bringen können, werden aus unseren Erlebnissen eigene Erfahrungen. So entsteht ein Gewebe, ein verflochtenes Ganzes. Die Rückwendung ins Vergangene hat keinen Selbstzweck, sie soll uns ermöglichen, den oft nur versteckt wahrnehmbaren roten Faden unserer Lebensgeschichte zu entdecken und auf tröstliche Weise bei allen Brüchen die innere Kontinuität, die sie aufweist, wahrnehmen. „Wer keine Vergangenheit haben will, verdient auch keine Zukunft" (Wilhelm von Humboldt). Das Vergangene, das einmal Gegenwart war, wirkt – wenn es sich zu Erfahrung verdichtete – in Künftiges hinein und behält sein formendes Potential. Goethe sagt: „Eine Chronik schreibt nur derjenige, dem die Gegenwart wichtig ist." Eine Chronik liest nur der – so möchte man ergänzen – dem die Vergangenheit in der Gegenwart lebendig blieb und bis in die Zukunft hineinreicht. Und wer sich mit den längst Geschichte gewordenen Ereignissen befaßt, muß sich immer wieder fragen: welche Bedeutung hatten sie für mein Leben, für meine Existenz, für meine Entscheidungen?

Die Bibel ist in vielen Teilen ein Geschichts-Buch, das uns zu erinnern sucht: Was geschehen ist, ist zu unserem Heil geschehen. Nur wer sich erinnert, bekommt wache Augen und Ohren, um das Wirken Gottes zu entdecken. „Zu verschiedenen Zeiten und auf mannigfache Weise hat Gott von alters her durch die Propheten zu den Vätern gesprochen; am Ende dieser Tage sprach er zu uns durch seinen Sohn", heißt es im Hebräerbrief

(1,1). Beim Gang durch die Jahrhunderte hören wir nicht nur von vordergründigen Ereignissen und Verwirrungen, es werden uns vielmehr Rettungsgeschichten erzählt: „In der Wüste irrten sie hin in der Einsamkeit, konnten den Weg zu wohnlicher Stätte nicht finden. Sie litten Hunger und Durst, die Kraft des Lebens in ihnen schwand. Da schrien sie in ihrer Not zum Herrn: Aus ihrer Bedrängnis rettete er sie." (Ps 107,4–6).

Diese Einsicht ist ein wesentlicher Grund und immer neuer Anlaß, sich auf das Vergangene zu besinnen: Es gibt viel Not und Gefahr, Verwirrung und Verhängnis in der Welt, aber es gibt auch Rettung und Heil. Die Erinnerung an das, was Gott geschaffen hat, an das Paradies, darf nicht verblassen, und die Hoffnung auf das verheißene Heil muß immer wieder neu geweckt werden. Wenn es uns gelingt, die biblischen Texte nicht nur als Zeugnisse längst vergangener Ereignisse zu lesen, sondern als Spiegel menschlichen Lebens, somit auch eigener Erfahrung, werden sie zu einem Schlüssel für das Rätsel des eigenen Daseins. Sie gewinnen eine überraschende Aktualität.

„Das ganze Volk versammelte sich geschlossen auf dem Platz vor dem Wassertor und bat den Schriftgelehrten Esra, das Buch der Weisung, das von Mose überliefert ist, zu holen ... Vom frühen Morgen bis zum Mittag las Esra auf dem Platz vor dem Wassertor den Männern und Frauen und denen, die es verstehen konnten, das Buch der Weisung vor. Das ganze Volk lauschte auf die Weisungen. Der Schriftgelehrte Esra stand auf einer Kanzel aus Holz, die man eigens dafür errichtet hatte ... Man las aus dem Buch in Abschnitten vor und gab Erklärungen, so daß die Leute das Vorgelesene verstehen konnten ... Nehemia, Esra und die Leviten sagten zum ganzen Volk: Heute ist ein heiliger Tag zu Ehren des Herrn, eures Gottes. Seid nicht traurig und weint nicht ... Geht, haltet ein festliches Mahl, und trinkt süßen Wein ... Macht euch keine Sorgen, denn die Freude am Herrn ist eure Stärke ... Da gingen alle Leute nach Hause, um zu essen und zu trinken und auch anderen davon zu geben und um ein großes Freudenfest zu begehen; denn sie hatten die Worte verstanden, die man ihnen verkündet hatte" (Neh 8,1.3.4.8.10–12).

Ist das nicht eine bewegende Szene? Das Volk Israel ist nach der Babylonischen Gefangenschaft wieder heimgekehrt, und ihm wird seine Geschichte mit Gott in Erinnerung gerufen. Und diese Geschichte soll weitergehen, die alten Worte sind wieder jung geworden, der Ruf ergeht neu an das Volk.

Die Bibel ist nicht in erster Linie ein Gesetzbuch, eine Sammlung von Vorschriften oder ein Katalog von Forderungen und Verpflichtungen. Sie ist zunächst einmal ein Geschichtenbuch, das uns mit seinen Erzählungen auf höchst lebendige Weise anspricht. Wir nehmen am Schicksal ganz verschiedener Menschen teil, werden in die Situationen hineingeführt, gehen ihre Wege und Irrwege mit, freuen uns und leiden mit ihnen. Weil es hier um konkrete Handlungen geht, geschieht es ganz selbstverständlich, daß wir uns mit den handelnden Personen identifizieren, ihre Hoffnungen teilen und an ihren Reifungsprozessen partizipieren.

Erzählungen, die diesen Namen verdienen, basieren auf Erfahrungen. Wer große Dinge erleben durfte, wem die Augen „aufgetan" wurden und Zugang zum Geheimnis gefunden hat, der kann gar nicht anders: Er muß davon berichten und bemüht sich darum, seine Erfahrungen in die lebendige Form einer Erzählung zu gießen. Eine ganze Welt wird lebendig, Konflikte verlangen nach Lösungen, Gefahren rufen nach einem, der sich ihnen stellt und sie bewältigt. Das glaubwürdige Beispiel eines mutig durchgestandenen Lebens hat mehr Überzeugungskraft als tausend Appelle an unseren Willen.

Je älter wir werden, um so mehr Erfahrungsstoff sammelt sich an: freudige und leidvolle Widerfahrnisse, erfüllte und unerfüllt gebliebende Hoffnungen, Gelingen und Scheitern, Zuversicht und Resignation. Diese bunte Mischung führt den einen dazu, sich in sein Schneckenhaus zurückzuziehen und zu verstummen, den anderen dagegen treibt es an, sich mitzuteilen und andere an seinem Schicksal teilhaben zu lassen.

Der Versuch lohnt, das eigene Leben „im Spiegel der Heiligen Schrift" Revue passieren zu lassen. Es ist tröstlich, daß die großen Gestalten der Bibel alles andere als Idealfiguren waren, oft genug gingen sie in die Irre, luden Schuld auf sich, waren am Rand der Verzweiflung. Es ist nicht schwer, sich in ihnen wiederzuerkennen. Wichtiger aber ist, daß sie ihren Weg weitergingen, sich wieder aufrichten ließen und so eine beispielhafte Existenz lebten. Ich kann mich sowohl in Jakob wie in Esau erkennen, ich leide unter ihrem Konflikt, aber es tröstet mich auch, daß sie sich schließlich versöhnten.

Im Matthäusevangelium findet sich der Satz Jesu: „Jeder, der sich mit der Schrift befaßt und ein Jünger des Himmelreiches wurde, der gleicht einem Hausvater, der aus seiner Schatztruhe Neues und Altes hervorholt" (Mt 13,52). Dieser Satz sollte uns Mut machen, die Schatztruhe unserer Erinnerung aufzuschließen. Da sind die eigenen Erinnerungen, die unvergessen und unverlierbar sind. Da sind aber auch Geschichten anderer, die wir hörten oder gelesen haben. Märchen, Legenden, Novellen, die biblischen Erzählungen und vieles mehr. Und es ist seltsam: Wenn wir eine solche „übernommene" Geschichte weitererzählen, dann flechten wir unversehens eigene Erfahrungen hinein, wir geben ihr unser persönliches Kolorit.

So sollten wir es auch mit unseren Erzählungen der biblischen Geschichte machen. Das Alte verbindet sich mit Neuem. Die Geschichten haben ja nicht „Museumswert", sie sollten wieder zum Leben erweckt werden, und das geschieht erst, wenn etwas von unserem Herzblut mit hineinfließt. In einem seiner Romane hat Max Frisch festgestellt: „Ein Mann hat eine Erfahrung gemacht, jetzt sucht er die Geschichte seiner Erfahrung ... Ich probiere Geschichten an wie Kleider." Ob nicht auch manche biblische Perikopen uns solche „Kleider" anbieten, die dazu dienen können, den eigenen Erfahrungen Ausdruck zu verleihen?

Jesus war ein Geschichtenerzähler. Wenn wir genauer hinhorchen, dann fällt uns auf, daß er selten „fromme" Geschichten erzählt hat. Er berichtet aus der Alltagswelt der Bauern und Handwerker, der Hausfrauen und Taglöhner. Es geht dabei um den Arbeitstag und die Feste, um den Hausbau und den Streit mit dem Nachbar, um Gefahren auf der Reise. Nun, wir wissen es: Jesus will nicht mit interessanten, abwechslungsreichen Geschichten unterhalten, er hat eine Botschaft, die er in Geschichten von vielfältigen Lebenssituationen kleidet. Wer Ohren hat zu hören, der begreift, was Jesus mit seinen Gleichnissen aussagen will. Immer steht im Hintergrund die Kunde vom anbrechenden Gottesreich, vom gütigen Vater, vom herankommenden Heil, auch von der Entscheidung, die notwendig geworden ist. Jesus steht als Erzähler vor uns, der uns in seine Geschichten verstrickt. Er will, daß uns diese Geschichten nachgehen, sich mit unserem Leben verknüpfen, damit wir daraus die Kraft gewinnen, einen neuen Anfang zu wagen.

Altes und Neues sollen wir aus unserer Schatztruhe hervorholen, so wie Jesus in seinen Gleichnissen und Beispielserzählungen auf alte Geschichten zurückgegriffen hat. Wir sollten unbefangener und mutiger sein, wenn wir ins Erzählen kommen.

Ein kleines alttestamentliches Buch habe ich besonders gern, das Buch Tobit. Es erzählt von einem Mann, der in der Verbannung, in Ninive, leben muß, aber dem Glauben seiner Väter treu bleibt. Er setzt sich auf selbstlose Weise für andere ein (so begräbt er heimlich die hingerichteten Toten, obwohl das streng verboten war), und auch sonst ist er gebefreudig, soweit er es kann. Trotzdem erlebt er Unglück über Unglück. Er verliert seine Habe, muß sich verstecken und wird schließlich auch noch blind. Als ihn dann auch noch seine eigene Frau verhöhnt, will er nicht mehr leben, sondern hat nur noch den einen Wunsch: zu sterben.

Aber Tobit hat einen Sohn, den jungen Tobias. Das Leben geht weiter, es wächst eine neue Generation heran, die noch unsicher ist und Geleit braucht. So besinnt sich Tobit auf das, was ihm selbst wichtig war und was er seinem Sohn weitergeben möchte. „Sei nicht kleinlich, wenn du Gutes tust. Wenn du einen Armen siehst, dann wende deinen Blick nicht von ihm ab. Dann wird Gott auch seinen Blick nicht von dir abwenden ... Stolz führt ins Verderben und bringt Zerrüttung mit sich. Charakterlosigkeit führt zur Erniedrigung und großer Not ... Wenn einer für dich gearbeitet hat, dann halt seinen Lohn nicht bis zum nächsten Tag ein, zahl ihn sofort aus ... Gib den Hungrigen von deinem Brot und den Nackten von deinen Kleidern. Such nur bei Verständigen Rat. Hast du einen brauchbaren Rat bekommen, dann verachte ihn nicht“ (aus dem 4. Kapitel).

Vielleicht hat der alte Tobit gemerkt, daß man eigene Lebenserfahrung nicht so ohne weiteres anderen vermitteln kann. Jeder einzelne steht wieder am Anfang und muß seinen eigenen Weg finden, muß vielleicht auch Irrwege gehen. Die freundlichen Ermahnungen, die guten Ratschläge führen nur zu oft dazu, daß sich die Jungen die Ohren verstopfen und nicht mehr hinhören, wenn sie mit gutgemeinten Mahnungen und Warnungen überschüttet werden. – Auf jeden Fall geht die Geschichte anders weiter: Tobit behält seinen Sohn nicht bei sich, er klammert sich nicht an ihn, sondern schickt ihn in die Ferne. Dort irgendwo sei ein Schatz vergraben, der die Not lindern könnte. „Mach dich auf den Weg!" das ist die Weisung, die er ihm mitgibt. Er gibt ihm die Möglichkeit, durch die große und gefährliche Reise „er-fahren" zu werden. Er soll sich zwar einen Gefährten suchen, dann aber muß er sich selbst den Strapazen und Gefährdungen aussetzen, um sich darin zu bewähren.

Wie sehr entdecke ich im alten Tobit die Gefahren, die den alternden Menschen umgeben: Er ist müde geworden, seine Versuche, Gutes zu tun, scheinen ins Gegenteil umgeschlagen zu sein. War nicht alles umsonst, worum er sich bemühte? In der Welt wird alles nur noch schlimmer. Die Gefahr der existentiellen Müdigkeit, der Resignation und Verzweiflung greift nach seinem Herzen. Aber in seinem Sohn erlebt er noch einmal die unverbrauchten Kräfte, die Potenzen des Künftigen. Plötzlich erwachen auch in ihm selbst die Hoffnungen. Als die Mutter den jungen Tobias nicht ziehen lassen will, sagt der Vater: „Mach dir keine Sorgen, er wird gesund zurückkommen, du wirst ihn wiedersehen. Ein guter Engel begleitet ihn, seine Reise wird ein gutes Ende nehmen, er wird gesund heimkehren" (5,21 f.).

Tobias wird heimkehren: Er ist dann zum Mann gereift, hat sich in den Gefahren bewährt, hat eine Frau gefunden und all die schweren Proben bestanden. Und er wird den blinden Vater heilen, damit er wieder die Sonne sehen kann und nicht in der schwarzen Nacht der Hoffnungslosigkeit bleiben muß. Nur wer das Vergangene zuläßt und verarbeitet, kann sich auch gelassen dem Kommenden entgegenstrecken. Ein Wort von Kungfutse kommt mir in den Sinn: „Erzähle mir die Vergangenheit, und ich werde die Zukunft erkennen."

Nur wer sich erinnert, kann erzählen.

Nur wer erzählt, kann andere an seinen Erfahrungen teilhaben lassen.

Nur wer Hoffnungsgeschichten erzählt, kann Hoffnungen wecken.

ELSE KÄHLER

Erinnerungen, die meine Gegenwart prägen

Während ich diese Zeilen schreibe, jährt sich zum 44. Mal der Tag, an dem meine Freundschaft mit einer Frau begann, die zu gemeinsamer Arbeit und zu gemeinsamem Leben führte. Noch stehen in meinem Zimmer die dunkelroten Rosen, die jedes Jahr an diesem bestimmten Tag im Juni 1947 erinnern. Dazu gehören Gedichtzeilen von Friedrich Hebbel. Denn im Vorübergehen an einem Rosengarten – an jenem Tage – zitierte ich: „Ich sah des Sommers letzte Rose stehn, sie war, als ob sie bluten könne, rot. Da sprach ich schaudernd im Vorübergehn: So weit im Leben ist zu nah am Tod!" – „Kennst du das Gedicht?" fragte ich. „Ja", war die kurze Antwort, „ich habe meine Dissertation über Hebbel geschrieben." So ein Anknüpfungspunkt in den mittleren Jahren. Sind wirklich schon 44 Jahre vergangen? Die Begegnungen mit vielen Menschen in einem evangelischen Tagungs- und Studienzentrum brachte es mit sich, daß vor 30 Jahren noch eine jüngere Frau zu uns hinzukam. Heute wohnen wir gemeinsam zu dritt in einem Haus. Wir werden nun miteinander älter und alt. Doch der Anregungen sind viele. Aber auch Erwartungen begegnen uns von außen her. Ein offenes Haus zu haben, ist eine schöne Möglichkeit.

Ich möchte einen Augenblick bei den noch früheren Erinnerungen bleiben. In meiner Kindheit haben mich ab und an Todesängste geplagt. Damals, als noch Leichenwagen durch die Stadt zum Friedhof zogen und trauernde Menschen dem Wagen folgten. Angstvoll schaute ich zu: Wann trifft es mich? Angst machte mir auch ein Wort meines Lehrers: „Junge Menschen können sterben, alte Menschen müssen sterben." Dieses Können und Müssen hat mich späterhin stark bewegt. Ich erinnere mich an einen Gottesdienst mitten im Krieg. Der Pastor predigte über den 90. Psalm. Ich erschrak zutiefst, als er vor allem über den Vers 10 predigte: „Unser Leben währet siebzig Jahre, und wenn's hoch kommt, so sind es achtzig Jahre, und wenn's köstlich gewesen ist, so sind es Mühe und Arbeit gewesen! Denn es fähret schnell dahin, als flögen wir davon."

Der Vers schildert den normalen Lebensablauf. Und die Toten des Krieges, der vielen Kriege seither, wie sind diese einzuordnen? Quälende Gedanken, die wohl nicht nur mich bewegten. Und immer wieder die entsetzliche Frage nach dem Warum: Warum mußte mein Mann, mein Sohn, mein Freund fallen? Warum hielt jener Erdbunker nicht, in dem Frauen und Kinder, Schutz suchend, versammelt waren? Wir hatten gut sagen, die Frage nach dem Warum sei falsch gestellt. Die Todesschatten, die Realität des gewaltsamen Todes vieler Menschen, waren geblieben. Das Rühren an Erinnerungen ruft bittere Erfahrungen wach und zeigt, wie tief das Erlebte eindrang, leichter abrufbar, als ich mir selber vorgestellt habe.

„Man muß wissen, wie alt man ist." Das war eine beliebte Redeweise von mir, von früher Jugend an, anfangs vielleicht kokett gebraucht. Später wurde dieses Wissen mehr und mehr wichtig. Es galt, mit diesem Älterwerden zu leben. Vor allem in jenen Zeiten war es wichtig, als andere Menschen uns spüren ließen, daß wir so langsam die Älteren waren. Für die Jüngeren sind wir bald alt, auch wenn wir selbst das für uns noch weit von uns weisen. Aber es gibt eine Hilfsbereitschaft der Jungen, die ich sehr ernst nehme. Solche Hilfe anzunehmen bedeutet oftmals, daß sich ein Gespräch ergibt.

Eines der beglückendsten Erlebnisse ist für mich, wenn Jüngere nach unseren Erfahrungen fragen. Das war nicht immer so. Die Generation vor uns hat dieses Gefragtwerden sehr vermißt. Sie kam sich vor wie abgeschrieben – vorzeitig der Vereinsamung preisgegeben. Ich denke an Fragen wie die folgenden: Wie haben Sie den Krieg erlebt? Welche Folgerungen haben Sie aus diesen Erlebnissen gezogen? Welche Rolle hat in Ihrem Leben die Kirche gespielt? Hat sich Ihre Einstellung oder hat die Kirche sich geändert? Und: Wie beurteilen Sie die heutige Theologie? Vor allem seit die feministische Theologie hinzugekommen ist? Derartige Fragen sind für beide Generationen wichtig; die Antwort der Älteren werden mit Spannung erwartet. Es wird wahrgenommen und geschätzt, wenn eine natürliche und wahrheitsgemäße Grundhaltung in Antworten spürbar wird. Es gibt also echte Gespräche, in denen wir auch von Jungen lernen können, so etwa die Sicht von Problemen, die für uns neu sind.

Wie habe ich im Laufe der vielen Jahre – und also auch im Älterwerden – versucht, als Christin zu leben? Als Studienleiterin in einer Akademie – konfrontiert mit Fragen um Scheidung, Homosexualität und Lesbianismus, um Pensionierung und Alter – stieß ich auf viele Erwartungen, auf Bitten um Hilfe und Verständnis. Nicht von ungefähr war es, daß mich lange die Frage nach dem Gebet umtrieb. In jungen Jahren las ich die Lebensgeschichte vom „Russischen Pilger“, der auf der Suche nach dem immerwährenden Gebet war. Wie wollte er zu dem „Beten ohne Unterlaß“ gelangen, von dem im 1. Thessalonicherbrief Kapitel 5,12 die Rede ist? Eine lange Pilgerreise! Davon angeregt, wurde mir das

Wort aus Psalm 118, Vers 25 bedeutungsvoll: „Herr, hilf; O Herr, laß wohlgelingen." Dieses kurze Gebet begleitet mich noch heute. Ich gehe in keine Besprechung, Gruppenarbeit oder Tagung, auch nicht auf eine Reise, ohne daß ich dieses Gebet in meinem Herzen spreche – das heißt, es spricht in mir. Und es gilt auch für persönliche Begegnungen. (Mir ist wichtig, niemand mit dem Gebet zu bedrängen; die Bitte um ein Gebet wird kaum jemand ausschlagen.)

Hier stellt sich nun die Frage nach dem Gottesbild, das wir als ältere Menschen in uns tragen. Die Gottesvorstellung hat sich im Verlauf des Lebens gewandelt. Aus dem „lieben Gott" der Kindheit mußte einmal der Gott der Erwachsenen werden. Welches Gottesbild, welche Gotteserfahrung und welche Gotteserwartung nehme ich mit in die dritte Lebensphase? Es macht mich unruhig, oft festgestellt zu haben, daß Gott für viele Menschen eine strenge Größe, ein Gott des Gesetzes und der Gebote ist. Gerade beim Älterwerden ist es nötig, den Zugang zu dem liebenden und barmherzigen Gott gefunden zu haben, zu Gott, mit dem wir reden können, der ein Gegenüber ist, der bei uns ist, wenn die Tage dunkler werden und Ängste uns befallen wollen, die große Angst vor der Einsamkeit zumal. Uns über Gott klarzuwerden, ist eine wichtige Aufgabe beim Älterwerden. Denn Gott ist nicht einfach eine statische Größe, sondern ein lebendiger Gott. Unser Umgang mit Gott sollte nicht formelhaft sein und unsere Gebete unserer Situation angemessen. Wir dürfen uns hier des Wortes aus Markus 9 erinnern, wo es vom Hauptmann in einem Gespräch mit Jesus heißt: „Ich glaube, Herr, hilf meinem Unglauben." Gerade bei den inneren Krisen im Älterwerden ist es notwendig, sich einzugestehen, daß der Glaube da ist, aber daß wir immer wieder auch bedroht sind von Anfechtungen, Zweifeln, Ängsten und Unsicherheiten – eben vom Unglauben. Für schwere Zeiten ist es gewiß gut, einen Schatz von Bibelworten oder Gesangbuchversen im Kopf zu haben. Es ist schön, bei stillem Nachdenken dieses oder jenes aus dem Gedächtnis zu holen. Was will mir dieses Wort heute sagen? Im Lichte der Bibel sollten wir auch über die letzten Fragen nachdenken, über Leiden, Krankheit und Tod. Hier sind wir wohl alle auf ein Mitdenken anderer angewiesen.

Zum Altwerden gehört nach meiner Überzeugung der Rückblick auf unser Leben. Das ist im Vorstehenden nur ausschnitthaft geschehen. Dabei zeigte sich aber eine eigenartige Beobachtung: Der Rückblick ist nicht systematisch. Punktuell drängt sich mir die eine oder andere Erinnerung auf: Unversehens befinde ich mich in der frühen Kindheit, oft auch nahe der Altersgrenze. Das eine oder andere habe ich von damals mitgenommen, das bis heute geblieben ist. So etwa, kurz angedeutet, die Liebe zum Leben, deren Äußerungen manchmal auch in den Schlagern der Jugendzeit ihren Ausdruck fanden. „Musik zum Träumen" heißt eine mitternächtliche Sendung des Schweizer Radios. Ich höre sie immer wieder einmal.

Ein Kapitel des Rückblicks ist mir bis heute besonders schwergefallen. Das Wiederaufgreifen der Briefe meiner Mutter, die im dichtgefüllten Koffer aufbewahrt sind. Ich muß wohl den Mut finden, diese durchzusehen und viele zu vernichten. Jahrzehntelang haben wir uns wöchentlich geschrieben. Das viele teils schmerzliche Noch-einmal-Lesen zeigt mir nicht nur einen großen Ausschnitt unser beider Lebensgeschichte; vielmehr umfaßt der Briefwechsel auch Glieder der weiteren Familie, der Freunde und Freundinnen beiderseits und jene später zunehmenden Nachrichten vom Verlust geliebter oder uns nahestehender Menschen. Meine

Mutter, die im 90. Lebensjahr starb, war seit 1941 Witwe. Einen Sohn verlor sie im Krieg. Seine Frau starb viel zu früh an Krebs.

Wer alt, sogar sehr alt wird, erlebt viele Verluste. Der Kreis der vertrauten Menschen wird kleiner und enger. Wie gehen wir damit um? Zuletzt ist der Mensch mit seinen Erinnerungen mehr und mehr allein. Wen interessieren diese noch? Ein höfliches Zuhören gibt es, aber auch spürbares Desinteresse. Die Einsamkeit greift um sich. Es ist Gnade, wenn der alte Mensch noch seine geistigen Kräfte besitzt, wenn er aufnehmen kann, was um ihn herum geschieht. Wenn er mitdenken kann, sich ein Urteil, auch durchaus ein kritisches, bildet.

Ich komme noch einmal auf den Anfang meiner Betrachtungen zurück. Vermutlich ist es ungewöhnlich, daß Frauen so viele Jahrzehnte zusammenleben und zusammenarbeiten. Es ist ein Geschenk. Darum fühle ich mich fast etwas hilflos, wenn von Alterseinsamkeit die Rede ist. Auch bei uns wird eine dann einmal die Letzte sein. Ich versuche mir das vorzustellen: Wird es eine Einsamkeit geben, die vom Reichtum des Vergangenen lebt? Die Vergangenheit darf ja nicht das letzte Wort haben. Wir sollten offenbleiben, solange die Kräfte es noch erlauben, mitbauen an einer Zukunft, die nicht mehr die unsere ist. Vielleicht haben wir nur noch kleine Steine auf das Baugerüst der Zukunft zu tragen. Aber auch das ist möglich: daß wir von anderen getragen werden müssen, daß wir Hilfe anzunehmen haben, die uns vermutlich gern gegeben wird. Manchmal steht mir wie ein Schreckgespenst der „Alterstrotz" vor Augen, die Rechthaberei oder gar Streitsucht. Unsere Helferinnen würden wir damit ermüden.

Ein jahrzehntelanges Zusammenleben ist nicht immer einfach. Es gab Probleme, über die wir miteinander zu reden hatten. Mut und Offenheit brauchten wir, einander in aller Verschiedenheit gelten zu lassen, ja, auch in der Veränderung, die wir beim Älterwerden wohl alle erleben. Aber auch in langjährigen Beziehungen gibt es immer wieder einen Neuanfang. Das sind beglückende Stunden, die uns einen neuen Blick nach vorne tun lassen. Das Zusammenleben ist ein permanenter Übungsplatz! Dennoch versuche ich, mich in die mögliche letzte Einsamkeit, in das Alleinsein einzuüben, indem ich über dann nötige Verhaltensregeln nachdenke: Aber kann mir das gelingen? Ich hoffe es. Ich erbitte mir die Barmherzigkeit Gottes, daß ich nicht in einen Abgrund der Handlungsunfähigkeit sinke. Und ich erbitte mir die Vergebung der Menschen, die am Ende meines Lebens mit mir zu tun haben werden.

Da der erste Teil des genannten Ausspruchs meines Lehrers nicht eintraf (wiewohl er mich sehr ängstigte), so steht nun der zweite Teil unerbittlich vor mir wie vor allen: „Alte Menschen müssen sterben." Wie gehe ich, wie gehen wir damit um? Das Nachdenken über den Tod, vor allem über den eigenen, gleicht einem Lernprozeß. Allerdings darf es nicht nur flüchtig geschehen. Vielmehr müssen wir den Mut gewinnen, wirklich zu Ende zu denken, es geht um die persönliche Auseinandersetzung. Was bewegt mich bei dem Gedanken an den Tod? Unsere Lebensgrenze ist durch ihn festgelegt. Wann aber wird sie erreicht sein, und wie wird mir der Tod begegnen? Viele Sterbenssituationen, die wir miterlebten, stehen uns vor Augen. Wie verschieden waren sie! Da gab es den jähen Tod, den unerwarteten, der viele Ursachen haben kann. Oder ein langes Krankenlager, das in ein qualvolles Sterben mündete. Plötzlich gab es Gespräche am Kranken- bzw. Sterbebett. Was kann ich sagen? Wie antworte ich auf Fragen der Todkranken? Ich kann dies nur versuchen, wenn ich für mich selbst Antworten gefunden habe. Aber es sind ja meine oft noch bruchstückhaften Antworten. Im Hören auf die Fragen der Sterbenden möchte ich helfen, daß sie *ihre* Antworten finden. Und die Frage: Was glaubst du, was nach dem Tode sein wird? Da darf ich persönlich antworten.

Mehr und mehr sind mir die Verse aus Psalm 71 zur großen Hilfe geworden. Auf diesen kann ich auch Fragende hinweisen. „Denn du bist meine Hoffnung, Herr, mein Gott, meine Zuversicht seit meiner Jugend. ... Verwirf mich nicht in den Tagen des Alters; wenn meine Kraft schwindet, verlaß mich nicht. ... Der du uns schauen ließest viel Angst und Not, du wirst uns wieder beleben, uns wieder heraufführen aus den Tiefen der Erde. ... So will ich dir danken, mein Gott ..."

Ich glaube, daß wir im Tode in Gottes Hand fallen.

MARLIES FLESCH-THEBESIUS

Alt und lebenssatt

Der alte Bram stand im Vierundneunzigsten, als er starb. Das letzte Jahr war mühsam gewesen, eine lange Krankheit, die Schwerhörigkeit und zahllose kleinere Gebrechen. Manchmal wünschte er sich, alles wäre vorüber. Doch andererseits hing er am Leben, denn da war Lisa, seine geliebte Frau seit mehr als sechzig Jahren. In letzter Zeit war sie still geworden, die Worte machten ihr Mühe, und mit ihren Gedanken lebte sie mehr in der Kinderzeit als im Heute. Um ihretwillen meinte er noch ein Weilchen leben zu müssen. Doch als er eines Nachts aus dem Bett fiel und Lisa ihm nicht aufhelfen konnte und als sie dann beide in dem Pflegeheim untergebracht waren, wo man gut zu ihnen war, da gab er auf. Er starb im Morgendämmern an einem Tag im März, früh gegen sieben Uhr, niemand war bei ihm. Sie fanden ihn, als sie kamen, um ihm das Frühstück zu bringen.

Auf die Anzeige, mit welcher sie sein Ableben bekannt machte, ließ seine Tochter in großen Lettern drukken: „Er starb alt und lebenssatt." Treffender, meinte sie, ließen sich Leben und Tod dieses Menschen nicht ausdrücken. Doch da der alte Bram eine stadtbekannte und auch noch nach seinem Rückzug in den Ruhestand beliebte Persönlichkeit gewesen war, blieb es nicht aus, daß die Leute redeten, und es zeigte sich, daß viele nicht begriffen, was „lebenssatt" meinte. Sie glaubten, die Tochter wollte sagen, der alte Bram habe sein Leben satt gehabt. Und gerade das, darin waren sich alle einig, auch die, die ihn nur vom Hörensagen kannten, traf nicht zu. Er hatte immer gerne gelebt und sich auch unter Schicksalsschlägen mit Mut und Tatkraft bewährt. Nicht satt hatte er sein Leben gehabt. Im Gegenteil.

Geboren war er 1889, im gleichen Jahr wie Hitler, der nächst seiner Frau den stärksten Einfluß auf sein späteres Leben hatte, allerdings im entgegengesetzten Sinn. Er wuchs in einer bürgerlichen Familie mit vier Geschwistern auf, besuchte das Gymnasium, spielte mäßig Klavier, am liebsten aus dem Gedächtnis. Frühzeitig begann er sich für tote Tiere zu interessieren, die er mit Geschick und Sachverstand sezierte. Er wurde Chirurg. In der Schule war er ein mäßiger Schüler gewesen, das medizinische Staatsexamen bestand er mit Eins. Zur gleichen Zeit verlobte er sich mit Lisa.

Genaugenommen läßt sich sein Leben in zwei Hälften von annähernd gleicher Länge teilen: die Zeit der Jugend und der Erfolge einerseits und diejenige, die 1945 nach dem Zusammenbruch begann. In dieser zweiten Hälfte wurde er zur stadtbekannten Figur, wurde zum „alten Bram". Zwischen den beiden Hälften liegt der Wendepunkt in seinem Leben: zwölf Jahre Hitlerzeit. Vor Hitler war er auf dem Weg nach oben: Chefarzt in einem mittleren Krankenhaus, Verfasser wissenschaftlicher Arbeiten, durch die er sich einen Lehrstuhl an einer Universität versprach. Er hatte zwei Kinder, ein Eigenheim, viele Freunde, er pflegte Geselligkeit, besuchte Konzerte und Kino, ab und zu auch die Oper. Nichts, so meinte er, gab es, was sein Leben ernsthaft bedrohte.

Doch dann übernahm Hitler die Macht, und damit änderte sich alles, denn Bram war Halbjude. In der Gesellschaft von gestern hatte das keine Rolle gespielt, doch jetzt bestimmte es seine Existenz: Beruf und Karriere, Besitz und Ansehen. Die Freunde von gestern gingen auf Abstand, er merkte, wie sie hinter seinem Rücken redeten. Die Vereine, denen er gestern noch angehört hatte, kündigten ihm heute die Mitgliedschaft. Als er den gewohnten Platz in der repräsentativen Konzertreihe wieder abonnieren wollte, wurde ihm das verweigert. Und das Schlimmste: Er verlor seine Stelle im Krankenhaus. Nie hatte er mit derartigen Schlägen gerechnet. Andere mochten sie treffen, doch ihn nicht. So hatte er instinktiv immer empfunden. Doch jetzt betraf sie ihn. Tief verletzt erkrankte er und entging dem Tod nur knapp. Geschlagen wie Hiob, saß er in der Asche und kratzte die Schwären. Nur seine Frau, ein paar Verwandte und sein Pfarrer, der in dieser Lage zum wahren Freund wurde, standen ihm bei.

Langsam kam er zur Besinnung, hörte auf, sich seinen Leiden und der Ungerechtigkeit hinzugeben, die ihm widerfuhr. Er begann wieder zu arbeiten, bescheiden jetzt, aber den Umständen angemessen, ohne Krankenhaus und den gewohnten Troß von Hilfsärzten, in einer kleinen, einfachen Praxis mit einer einzigen Hilfe: das war seine Frau.

Im Zweiten Weltkrieg kamen neue Schläge. Der einzige Sohn mußte Soldat werden. Ungeachtet seiner im nationalsozialistischen Sinne fragwürdigen Abstammung, wurde ihm diese „Ehre" zuteil. Er fiel ein halbes Jahr vor Kriegsende. Bram hatte das immer geahnt. Im gleichen Jahr wurde sein Haus durch eine Sprengbombe zerstört. Er überlebte mit Lisa im Kelller. Später ging dann auch noch die ärztliche Praxis zu Bruch. Doch das war dann schon nicht mehr wichtig.

Als Hitler im Keller seiner Reichskanzlei in einem mit Benzin getränkten Teppich verbrannt und der Krieg aus war, begann für Bram eine neue Zeit. Zuerst war ihm das nicht bewußt. Er hatte so lange auf diesen Augenblick hin gelebt, daß er ihm nun beinahe selbstverständlich erschien. Die Vorstellung von etwas Neuem hatte er nicht, er wollte einfach weitermachen, wo er vor zwölf

Jahren hatte aufhören müssen. Wahrscheinlich war das naiv, und so wie er sich das gedacht hatte, ging es auch nicht.

Bram wurde Chef eines anderen Krankenhauses, größer und schöner als das, von dem er zwölf Jahre lang geträumt hatte und an dem seine Liebe immer noch hing. Mit Feuereifer machte er sich an die Arbeit, doch diese allein genügte ihm nicht. Um ihn herum waren Elend und Trümmer, viele Menschen standen vor dem Nichts. Er wollte helfen, wollte dort mitarbeiten, wo die Weichen für eine bessere Zukunft gestellt wurden.

Er trat einer der neugegründeten politischen Parteien bei und ließ sich als Abgeordneter in das Stadtparlament seiner Heimatstadt wählen. Daß ihm selbst in dieser Stadt Unrecht widerfahren war, beschwerte ihn nicht (obgleich er die Demütigungen, die er erlitten hatte, nie vergaß). Er beanspruchte auch keine Wiedergutmachung. Er wollte geben, mit vollen Händen und mit seiner ganzen, ungebrochenen Kraft. Damals stand er im siebenundfünfzigsten Lebensjahr, einem Alter, in dem die meisten an den Ruhestand denken und kaum einer es wagen würde, noch einmal neu anzufangen. Der alte Bram fing neu an, und seine unbefangene Initiative, seine Bereitschaft einzugreifen, wo Sachverstand und Vernunft nötig waren, wurde vielen zum Ansporn. Man kannte ihn und folgte ihm gern mit den Augen, wenn er, begleitet von Lisa, seiner Frau, eine öffentliche Veranstaltung betrat, sich zielsicher auf die erste Reihe zu bewegte, wie er hier und dort Grüße tauschte, mit diesem oder jenem etwas besprach; wie er dem Gang der Veranstaltung folgte, aber zwischendurch gelegentlich eine Notiz auf das Programm machte, um einen Gedanken festzuhalten, der ihm gerade gekommen war. Die Gebiete, denen er seine öffentliche Tätigkeit vor allem widmete, waren Kultur und Soziales, hier lagen seine besonderen Interessen und Fähigkeiten. Daneben nahm er sich aber auch Zeit für die privaten Sorgen einzelner, die ihn darum baten. Diesem verschaffte er eine Stelle, für jenen verwandte er sich bei dem Arbeitgeber, dem nächsten half er zu einer Wohnung, den Sohn einer Witwe konnte er davon überzeugen, daß es nicht klug sei, zu diesem Zeitpunkt auszuwandern und die Mutter allein zu lassen.

Die Jahre gerbten seine Züge, die Zahl der Falten und Fältchen nahm zu, aber es waren nicht nur Sorgenfalten, es waren auch Falten, die von Lebensfreude und Heiterkeit zeugten. Seine dunklen Augen leuchteten allen entgegen, die ihn besuchten. Nur ganz zuletzt suchte er die Einsamkeit.

Er starb gesättigt mit Leben.

„Und Abraham verschied und starb in einem guten Alter, als er alt war und lebenssatt, und wurde zu seinen Vätern versammelt. Und es begruben ihn seine Söhne Isaak und Ismael." So steht es in der Schrift, nachzulesen im Ersten Buch Mose, Kapitel 25. Von da hat seine Tochter den Text, den sie über die Anzeige seines Hinscheidens setzte. Sie hatte ihn schon längst vorher im Sinn.

„Was wirst du schreiben?" fragte der alte Bram sie wenige Wochen, ehe er starb, und es war klar, er fragte nach dem Text seiner Todesanzeige. Sie versuchte zu antworten, aber sie brachte die Worte nicht heraus. Sie fürchtete weinen zu müssen. So gab sie vor, sie hätte ihn nicht verstanden.

WALTER DIRKS

Meine Bäume

Die Erde ließ sprossen junges Grün:
Kraut, das Samen trägt nach seiner Art,
und Bäume, die Früchte tragen,
in denen ihr Same ist, je nach ihrer Art.
Und Gott sah, daß es gut war.
(1 Mos 1,12)

Die erste Liebe

Im Mai, wenn an der Straße am Stadtrand der Roßkastanienbaum blühte, trabte ich zu ihm hin, um mich an seinem Anblick zu weiden. Ich hatte im Frühjahr lange auf ihn gewartet, und wenn ich zu früh kam, versuchte ich es noch einmal. Ich war wohl fünfzehn Jahre alt, vielleicht etwas jünger. Die Roßkastanie war der einzige blühende Laubbaum, den ich in der rauhen Vaterstadt entdeckt hatte. Sie lag im „Kohlenpott", und ihre Häuser, ob sie ursprünglich backsteinrot oder steingrau gewesen waren, hatten sich vom Kohlenstaub und vom Rauch schwärzen lassen. Da war mir dieses Prachtstück von einem Baum ein Trost geworden. Die weißen oder weiß-gelben Blütenkerzen leuchteten, und auch die Blätter waren charaktervoll: Hände in Grün. Daß es so etwas Schönes gab! Wollte ich meinen ersten Baumfreund am Stadtrand besuchen, so hatte ich einen Kilometer oder anderthalb über das Pflaster unserer Straße zu laufen. Wir selbst wohnten im Stadtzentrum, wo uns vom Westen der Rauch des Hochofenwerks, vom Osten der des Hüttenwerks das Gemüt verdüsterte. Oh, mein Roßkastanienbaum! Keiner wußte etwas von meinem Geheimnis. Ich hatte ihn ganz für mich allein.

Parteilichkeit

Der Weihnachtsbaum, das wußten wir früh, war ein Tannenbaum. Wir sangen ja „O Tannenbaum, o Tannenbaum, wie grün sind deine Blätter". Aber es waren gar keine, sondern – ich lernte es eines Tages – „Nadeln". Daß zudem der Lichterbaum überhaupt keine Tanne war, sondern eine Fichte, das ahnte ich noch nicht. Irgendwann erfuhr ich dann, daß anderswo die „Tanne" als Oberbegriff vieler Nadelgewächse verstanden wird, der Weißtanne, der „Edeltanne" und eben der Rottanne, die wir Fichte nennen. Als die Wanderjahre begannen, klärte sich auf unseren „Touren" im Sauerland die Angelegenheit. Wir entdeckten die wirkliche Tanne, und wir waren verblüfft, daß sie so völlig anders war als die Fichte. Die Tanne gefiel mir besser.

Früher war für mich die Fichte eine vom Geist der Mathematik geprägte Form gewesen, und ich hatte sie gerade deshalb geschätzt: Da war die regelmäßige Gestalt, eine spitze Pyramide, ihre überaus konsequente Spitze, und die Zweige waren so ungemein ordentlich angeordnet. Vielleicht hatte das meinen Ordnungssinn befriedigt, dem die Unordnung, die ich hervorbringe, peinlich widerspricht. Als ich nun im geliebten schönen Sauerland der Tanne begegnete, wurde ich ungerecht. Der Aufbau der Fichte erschien mir nun als peinlich „korrekt". Sie war langweilig, und sie hatte viel zuviel anderes Grün verdrängt. (Eines Tages lernte ich, daß man dergleichen „Monokultur" nennt.) Mit einem kräftigen Entschluß wandte ich mich dem freieren Gebilde zu. Die Tanne, so empfand ich nun, ist nicht so pedantisch konstruiert wie ihre erfolgreiche Nebenbuhlerin. Sie ist zwar auch eine Pyramide, aber deren Umriß ist nicht wie mit dem Lineal gezogen, und im Alter trägt sie sogar statt der steilen Spitze – immer? – oder als Fehlentwicklung? – ein Gebilde, das man mit dem Storchennest verglichen hat. Ihr grauer Stamm wächst in freier Bewegung, und das gilt auch für die Zweige. Wir verglichen die Nadeln, aber da erscheinen uns die Unterschiede zwar deutlich, aber nicht besonders auffällig.

Ja, ich nahm Partei. Wenn wir das Sauerland durchwanderten, richteten wir es nach Möglichkeit so ein, daß wir an Tannengruppen vorbeikamen, die wir früher in der Fichtenwüste entdeckt hatten.

Ich bin parteilich geblieben. Zu Weihnachten im letzten Jahr hat uns ein bäuerlicher Freund eine breite Tanne gebracht. Ob ihm jemand gesagt hat, daß ich ein Tannenfan bin? Diese Tanne war so breit wie hoch, und wir haben sie nicht geschmückt, sondern nur mit Lichtern besteckt. Der Baum vertrug weder rote Äpfel noch bunte Kugeln, schon gar nicht Glitzerwerk. Wir wollten ihm seine Wünsche lassen.

Die Buchen und ihr Fink

Im Sauerland gab es natürlich neben den vielen, vielen Fichten und den wenigen Tannen (und diesen und jenen anderen Bäumen) auch Buchen, ja ganze Buchenwälder, auch Buchenmischwälder. Ich durchwanderte einmal an einem schönen Apriltag fast das ganze Rothaargebirge, dessen Kamm über Dutzende von Kilometern erst von Süden nach Norden, dann von Westen nach Osten zu seinem höchsten Gipfel verläuft, dem Kahlen Asten. Der anderthalb oder zwei Tagesmärsche weite Kamm ist – oder war? – ein einziger riesiger Wald. Ich kam an jenem langen Tag an keinem einzigen Gehöft oder Försterhaus vorbei, von Dörfern ganz zu schweigen. Erst kurz vor Astenberg konnte ich mich in der Jugendherberge „Kühude" ausruhen, die in der ersten Waldlichtung liegt. Sah ich an jenem untadeligen Apriltag zwischen Hilchenbach und Altastenberg keinen einzigen Menschen, so hörte ich dafür fast pausenlos ein anderes Lebewesen: den Vogel der Buchen, den Buchfinken. Der nicht aufhörende „Finkenschlag" hat sich mir an diesem Tag ins Gedächtnis und ins Gemüt eingeprägt. Unvergeßlich: der kurze Anlaut, der Triller und der kräftige Gang und Sprung abwärts, wahrhaftig ein „Schlag".

Eine andere Entdeckung, die ich mehr als ein halbes Jahrhundert später in unserer Altersheimat, dem Hexental bei Freiburg, gemacht habe, ließ mich die neue Seite des Waldes erkennen. Da gibt es am südöstlichen Ende des Schönbergzuges einen kleinen Berg, der mich fasziniert hat. Die der Sonne zugewandte steilere Seite wirkte auf mich durch das helle Kalkgestein, in dem es kleine Höhlen gab, durch das Buschwerk und den Trokkenrasen so südlich, daß ich zu Hause vor erstaunten Kindern und Freunden diese Bergseite als „das nördlichste Ende der Provence" proklamierte, die Schattenseite sodann als „das südlichste Ende des Harzes", dank dem Buchenwald.

Natürlich hätte ich großzügiger sein und sagen können, am Kamm dieses bemerkenswerten kleinen Berges stoße die Nordsee an das Mittelmeer. (Oder soll ich gar sagen, da stoße die Polkappe an das Äquatorialgebiet?)

Nostalgischer Ahorn

Einige von meinen Bäumen habe ich sozusagen selbst gepflanzt. (So pflegt man ja zu sagen; in Wahrheit überlassen wir das meist den Gärtnern.) Vor dem Haus haben wir einen jungen Ahornbaum pflanzen lassen, der inzwischen so hoch ist wie der Dachfirst. Er ist das lebendige Mal der Erinnerung an die Zeit, als ich vor einem halben Jahrhundert im Karwendelgebirge wanderte und kletterte und mich von der Kletterei im Gras des „Großen" oder des „Kleinen Ahornbodens" erholte. War das im Oktober: dann entbrannten die Baumkronen im feurigen Gelb, Gold und Rot. Die Bäume bildeten übrigens durchaus keinen Wald, sondern sie standen frei zwischen weißen Kalkketten weit über die Talsohle verbreitet. Wenn ich nun als alter Mann meinen Ahornbaum vor unserem Haus anschaue, wird in mir eine Insel des Glücks lebendig. Ich bin dankbar: Auf ihr habe ich auch in schlimmen Kriegszeiten gute Stunden verbracht.

Der Knöterich-Baum

Einen „Knöterich-Baum" gibt es meines Wissens nicht. Aber einen anderen meiner eigenen Bäume könnte man gewiß so nennen. Wir fanden auf unserem Grundstück einen ungemein großen Kirschbaum vor, viel älter als die anderen Bäume des Grundstücks. Ihm galt sofort unsere Liebe, und er trug eine Unmenge Kirschen, und sie schmeckten sehr gut. Ihn haben wohl das Erdreich und der Bauschutt erdrückt, die oberhalb seines Standortes ausgeschüttet worden waren. Die Bauern schätzten abgestorbene Bäume nicht; sie sehen darin Brutstätten des Ungeziefers. Also wollte ich das Baum-Skelett umhauen lassen. Aber als da nach der Entfernung des Zweigwerks und der kleineren Äste das Profil eines stattlichen Stammes und einiger schön verzweigter, kräftiger Äste vor unseren Augen standen, stoppten wir die Gärtner: Wir wollten uns von dem eindrucksvollen Torso nicht trennen. Natürlich konnte man seinen für andere Leute vielleicht befremdlichen Anblick mit rasch wachsenden Pflanzen mildern. Das taten wir denn auch. Das Ergebnis war überraschend: Nach einigen Jahren hatte sich der Knöterich des Baumgerüsts bemächtigt. Er wuchs schließlich zu einer riesigen Halbkugel heran. Ich freue mich unseres einzigartigen Knöterichbaumes, vor allem, wenn er blüht, aber auch im Winter, wenn er bereift oder mit Schnee bedeckt ist, ein im Sonnenlicht glänzender Riesenpilz. Im übrigen ist er pflegeleicht: Man kann die Knöterichzweige, die wuchernd ihre Nachbarn bedrängen, leicht mit der Gartenschere stutzen.

Vom Fenster aus: die Geschwister

Mein Fenster bietet noch einen weiteren besonders guten Ausblick: Zwischen dem Blumenbeet unten am Boden und dem Zug der Schwarzwaldberge vom Schauinsland zum Belchen steht ein Baum mit einer schönen gleichmäßigen Krone, der läßt sich bei genauem Zusehen – und ich sehe oft genau zu – als ein Geschwisterpaar erkennen. Man sollte meinen, die beiden Hainbuchen, deren Stämme nur einen guten Meter voneinander entfernt aus dem Erdreich kommen, seien Konkurrenten, und ich stelle es mir ja in der Tat so vor, daß ihre Wurzeln um den Wasserbedarf kämpfen, indem sie einander überkreuzen. Oben aber gibt es offenbar Luft und Licht genug für die zwei. Es ist ihnen gelungen, gemeinsam eine vollkommene Krone zu bilden; die Linie, die sie umreißt, zeigt oben nicht die geringste Lücke. Lange habe ich sie denn auch für *einen* Baum gehalten, und meine Besucher sehen ihn noch jetzt so, denn die untersten Teile der beiden Stämme, die im abschüssigen Garten wurzeln, sind vom Haus aus nicht zu sehen. Man kann gerade noch erkennen, daß die wohlgebildete

Baumkrone da, wo sie aus dem Boden zu wachsen scheint, zweigeteilt ist. Oben aber neigen sich die Wipfel einander zu, ohne einander zu durchkreuzen, ohne sich im geringsten zu stören. Das Laubwerk ist vor dem Himmel ganz gleichmäßig verteilt, und auch der Wind hat es nur mit *einem* Baum zu tun, – man sieht es. Wie schön, wenn Geschwister es so gut miteinander können! (Ich kenne das: Wir haben Kinder.)

Vorsicht, sage ich nun! Darf ich die Natur so vermenschlichen? Nimmt man ihr, wenn man es tut, nicht ihr eigenes Wesen? So ist es ja wohl. Allzuoft hat mich dergleichen geärgert. Ich denke, man darf solche Vergleiche anstellen, wenn man sich, was die Natur betrifft, streng an die Erscheinung hält. Sehr verschiedenartige Ursachen können – in den Bäumen und in den Menschenkindern – Strukturen hervorbringen, die einander entsprechen. Am liebsten sehe ich die beiden Bäume, wenn ein leichter Wind ihr zartes Zweigwerk bewegt. Dergleichen gibt es auch unter Geschwistern: wenn sie einander zugewendet miteinander plaudern.

Vom Bett aus . . .

Mein Zimmer hat nicht nur Fenster, sondern auch eine Glastür zum Garten hin. Das Rechteck im entschiedenen Hochformat ist für mich, wenn ich altersmatt im Bett liege, ein gerahmtes Bild, das ich mir im Winter vor oder nach dem Mittagsschlaf, in den helleren Jahreszeiten auch abends und morgens immer wieder anschaue. Der Blickfang – ich kann mich schwer davon losreißen – ist ein kräftiger Stamm. Früher war er hellbraun und leuchtete, wenn das Sonnenlicht auf ihn fiel; inzwischen ist er durch grünes Moos, das dunkler wird, wenn es feucht geworden ist, gleichsam gesprenkelt. Ganz oben in dem Bild, in der Glastür, beginnt gerade noch die Verzweigung, und da werden in dem hinter dem Baum wachsenden Buschwerk auch drei kleine Stückchen vom Himmel sichtbar, schön vor allem, wenn dieser blau oder tiefblau ist. Ich deutete es schon an, ich tue mich schwer damit, die Natur symbolisch zu nehmen, aber in diesem Fall habe ich mich daran gewöhnt. Ich kann mir nicht helfen: Ich sehe in dem Stamm, der so oft meinen Blick auf sich zieht, ein Zeichen, ein Beispiel (ein Vorbild?) gesunder Kraft, Festigkeit in lebendiger Existenz. Das paßt nicht schlecht zu der Tatsache, daß der alte Mann ihn und seinen Hintergrund nur dann sehen und bedenken kann, wenn der Kopf auf dem Bettkissen liegt. Von keiner anderen Stelle im Zimmer kann ich, könnte man diesen Stamm sehen. Unter diesen Voraussetzungen ist er also wohl der intimste meiner Baumfreunde, und er wächst so langsam, daß ich ihn als einen beständigen Freund einschätzen darf.

III. Orientierung auf Neues

Wie jede Blüte welkt und jede Jugend
Dem Alter weicht, blüht jede Lebensstufe,
Blüht jede Weisheit auch und jede Tugend
Zu ihrer Zeit und darf nicht ewig dauern.
Es muß das Herz bei jedem Lebensrufe
Bereit zum Abschied sein und Neubeginne,
Um sich in Tapferkeit und ohne Trauern
In andre, neue Bindungen zu geben.
Und jedem Anfang wohnt ein Zauber inne.
Der uns beschützt und der uns hilft zu leben.

HERMANN HESSE
(Aus: Stufen)

EVA LOOS

Zu der Klugheit der Gerechten

„Und er wird vor ihm hergehen im Geist
und in der Kraft Elias,
zu bekehren die Herzen der Väter zu den Neugeborenen
und die Ungehorsamen in der Klugheit der Gerechten,
zu richten dem Herrn ein Volk, das wohl vorbereitet ist."
(Luk 1,17)

Der dies einmal tun wird, der wird dein Sohn. Mit dieser Botschaft überrascht der Engel Gabriel den Priester Zacharias mitten im Dienst. Und das war nicht nur eine Überraschung, sondern gleich mehrere auf einmal. Er, jetzt noch ein Kind? Seine Frau Elisabeth war auch nicht mehr die Jüngste. Und dann nicht einfach ein Kind, sondern ein Kind, aus dem etwas werden würde. Das ginge ja noch. Aber mit diesem Kind würden gleich zwei alte Wünsche in Erfüllung gehen. Zum einen der lange vergebliche von ihm und Elisabeth und der Traum des Propheten Maleachi. Der Engel Gabriel gebraucht zwar nicht dieselben Worte, aber, wer Ohren hat zu hören, der hörte.

Und wer Ohren hat zu hören, kann auch hören, daß nicht nur zwei alte Wünsche in Erfüllung gehen, sondern ein neuer, so bisher noch nie dagewesener, und davon will ich erzählen. Ich will erzählen, warum mir ausgerechnet dieser Vers aus dem Lukasevangelium so lieb geworden ist.

Erzähl mir was! Das ist bis auf den heutigen Tag die allabendlich wiederkehrende Aufforderung meiner

Kinder Berenike und Lukas. Oft ist es mir gelungen, aber manchmal war ich auch zu müde, und mir ist nichts eingefallen. Darum habe ich nach alter Mütter Sitte auf Märchen zurückgegriffen, obwohl ich Märchen nicht leiden kann. Aber noch weniger mochte sie mein Ältester, Lukas. Es fing an mit Rumpelstilzchen. „Ich will die Geschichte so nicht, erzähle sie anders! Erzähl, daß die Müllerstochter ihm das Kind gegeben hat und mit ihm abgehauen ist."

Da plötzlich wußte ich, warum auch mir diese Geschichte nie gefallen hatte. Mir hatte man beigebracht, mich darüber zu freuen, daß es der Müllerstochter gelungen ist, diesen kleinen obdachlosen Mann auszutricksen und Königin, Gattin und Mutter mit allen Ehren werden zu können.

Mit vielen Jahren Verspätung wurden meine Ohren geöffnet für den letzten Satz der Geschichte, den verzweifelten Schrei des seines einzigen Gutes beraubten kleinen Mannes: „Das hat dir der Teufel gesagt." Selbst in der Fassung der Brüder Grimm wird diese Geschichte nicht wie zu erwarten mit dem Satz geschlossen: Nun lebten sie glücklich und in Freuden.

Dieses Entdecken hat mich auf die Idee gebracht, auch andere bekannte Geschichten noch einmal genauer anzusehen. Dabei habe ich festgestellt, daß nicht nur ein Lukas, geboren 1978 n. Chr., sondern auch Lukas, gelebt im 1. Jh. n. Chr., den Wunsch gehabt haben muß, alte Geschichten noch einmal neu zu erzählen. Und zwar so, daß nur, wer Ohren hat, hören kann, was er sagen will. Lukas läßt nämlich den Engel Gabriel das Schlußwort aus dem Buch des Propheten Maleachi zitieren und gleichzeitig nicht zitieren.

„Siehe, ich will euch senden den Propheten Elia,
ehe der große und schreckliche Tag des Herrn kommt.

Der soll das Herz der Väter bekehren zu den Söhnen
und das Herz der Söhne zu ihren Vätern,
auf daß ich nicht komme
und das Erdreich mit dem Bann schlage."
(Mal 3,23 ff.)

Aus Söhnen werden Kinder, genauer Neugeborene, und an die Stelle der Bekehrung der Söhne zu den Vätern ist die Bekehrung der Ungehorsamen zur Klugheit der Gerechten getreten. Und dies inmitten einer Geschichte, in der der zukünftige Vater, von dem es zu Anfang noch heißt, daß er und seine Frau „fromm vor Gott waren und in allen Geboten und Satzungen des Herrn untadelig lebten", Schwierigkeiten hat, Gott den gewohnten Gehorsam zu leisten. „Die Ungehorsamen", das sind also nicht, wie aufgrund von Maleachi naheliegend wäre, die Söhne. Ungehorsam, Unglaube, das ist etwas, wodurch auch fromme, untadelige, wohlangesehene Leute, von Beruf Priester, schuldig werden können.

Die Geschichte des Volkes Gottes im Alten Testament beginnt auch mit einem alten, kinderlosen Mann. Er ist in die Geschichte der Christenheit eingekehrt als der Vater des Glaubens. „Abraham hat Gott geglaubt, und das ist ihm zur Gerechtigkeit geworden" (Röm 4,3). Lukas stellt keinen Bezug zu Abraham und Sara in seinem Evangelium her; aber aufgrund des oben geschilderten Erlebnisses mit Lukas 1978 und des Maleachiwortes in der Lukasversion im 1. Jh. scheint mir, daß dem Evangelisten Lukas die Geschichte von Abraham und Sara wohl nicht ganz so gut gefallen hat, wie das bei Paulus wahrscheinlich der Fall war. So gläubig wie es Kindergottesdienstkindern bis auf den heutigen Tag noch erzählt wird, ging es bei Abraham und Sara gar nicht zu. Ich will die Geschichte hier nicht vortragen. (Für diejenigen, die nachlesen wollen, Gen 12,16–20; Kap 16; Kap 21.)

Auch bei dieser Geschichte könnte ich mir vorstellen, daß Lukas 1978 sagt: „Erzähl die Geschichte anders. Erzähl, daß Hagar und Sara sich wieder vertragen und Hagar und Ismael bleiben dürfen." Bei Lukas im 1. Jh. n. Chr. habe ich die Geschichte gefunden, die ich dann erzählen oder doch wenigstens dazu erzählen würde.

Die Geschichte von Abraham ist eben nicht nur eine Geschichte vom Glauben, sondern auch eine Geschichte auf Kosten anderer. Da benutzt mit Zustimmung ihres Mannes die alte mächtige Frau eine junge macht- und mittellose, um an das zu kommen, was ihr selbst versagt geblieben ist. Selbst wenn die Menschen damals solche Auswege gewohnt waren, kann ich mir nicht vorstellen, daß Sara und Hagar empfindungslos waren für das, was sie sich antaten. Es geht mir nicht darum, den alttestamentlichen Erzähler zu kritisieren, ganz im Gegenteil. Er ist nicht der Schuldige. Denn er ist es nicht gewesen, der die Geschichte vom frommen, alten Abraham und der weniger frommen Sara erfunden hat. Dies waren wahrscheinlich erst die gutbürgerlichen Erzähler und Erzählerinnen späterer Tage. Der alttestamentliche Erzähler schont seine Hörer/Leser nicht. Er hat kein Problem damit, Abraham und Sara auf ihrem Weg, Vater und Mutter des Glaubens zu werden, als sehr durchsetzungsfähig zu schildern.

In Zacharias und Elisabeth treten zwei ganz andere alte, kinderlose Leute auf die Bühne und mit ihnen eine junge, unverheiratete Frau, die an Kinderkriegen noch nicht denkt. Ein altes Ehepaar, einflußreich von Stand und Ansehen, eine junge Frau, noch unverheiratet, ohne Stand und Ansehen, eine Magd und ihr Sohn, gleiche Personen, gleiche Wünsche, aber eine andere Handlung. Aber nicht nur das. Dahinter steht eine andere, neue Einsicht in das Verhältnis von alt und jung, von Eltern und Kindern.

Der Prophet Maleachi träumt von einem, dem es gelingen wird, alt und jung und jung und alt miteinander zu versöhnen, damit Frieden wachsen kann. Wenn das geschehen ist, wird Gottes Zorn besänftigt, und er wird nicht tun, was er androhte, die Erde vernichten.

Was Maleachi träumt, ist bis auf den heutigen Tag Traum vieler Alten. Dieser Traum findet seinen banalen Ausdruck in Gemeinplätzen, der Zustand der heutigen Jugend wird beklagt, die nur an sich selbst denkt, keine Verantwortung und Bindung kennt, nicht in die Kirche geht, die Alten nicht ehrt. Die so reden, hören weniger gern, daß dies alles nicht nur Kennzeichen der Jugend ist, sondern auch von alten Leuten. Alter ist noch keine Garantie dafür, daß jemand frömmer, verantwortungsbewußter, weniger selbstbezogen ist.

Das aber ist nach meinem Verständnis genau die Zumutung, für die Johannes auf die Welt kommen soll, „zu bekehren die Herzen der Väter zu den Kindern".

Erinnern wir uns, Zacharias und Elisabeth werden fromm und untadelig genannt, und doch oder gerade deshalb verliert Zacharias an seinem Unglauben seine Sprache. „Wir sind zu alt für Kinder."

Wir sind zu alt für Kinder, das hört sich für unsere Ohren sehr sinnvoll an, schließlich gibt es dafür erfahrungsgemäß ein Zu-alt-Sein. Doch Zacharias wird diesen Satz für eine Weile nicht vergessen können, denn danach hatte er nichts mehr zu sagen, bis es offensichtlich war, daß er und seine Frau dazu nicht zu alt gewesen waren. Doch das war lediglich das Vorspiel. Wie Zacharias und Elisabeth noch nicht zu alt waren, so ist auch Maria nicht zu jung. Alles, was fromm und untadelig ist, kommt durcheinander. Nichts geschieht, wie es eigentlich geschehen sollte. Nicht Elisabeth wird die Mutter dessen, der Sohn des Höchsten genannt wird, und Maria, die Magd, die Mutter seines Boten. Nein, die ohne

Stand und Ansehen wird vom Engel Gabriel besucht wie der alte fromme und untadelige Priester. Und Elisabeth ist nicht die gekränkte alte Frau, sondern Freundin und „Verwandte" der jungen.

Alt und jung, Mann und Frau und Frau und Frau kommen durcheinander. Eine neue Zeit beginnt. Und sie beginnt ganz im verborgenen, unter völligem Ausschluß der Öffentlichkeit, d.h. nicht ganz. Zacharias ist ja im Dienst. Aber seine Sprachlosigkeit schützt ihn davor, Rede und Antwort stehen zu müssen. Er kann und muß, was er erlebt hat, für sich behalten. Es bleibt ihm erspart, sofort zu seinem neuen Zustand stehen zu müssen. Was wie eine Strafe für Ungehorsam aussieht, schützt ihn und zugleich auch das Neue, das erst noch werden soll.

Wir sind zu alt – mit diesem Hinweis hat sich Zacharias vor dem Neuen, Noch-nicht-Dagewesenen, schützen wollen. Aber wenn Zacharias zu alt ist, dann muß das nicht heißen, daß Gott zu alt ist.

Und das ist es ja, was uns Lukas erzählen will. Gott will wieder jung werden, dazu genügt es nicht, daß – wie Maleachi schreibt – Väter und Söhne und Söhne und Väter nur ihre Herzen wieder einander zuwenden. Das ist die alte, bis auf den heutigen Tag regelmäßig wiederkehrende Vorstellung, daß es auf Erden besser werden könnte, wenn nur alt und jung, jung und alt sich gut vertragen – vor allem aber die Jungen mit den Alten. Der alte Gott hat Neues ausgedacht. Er will selbst wieder jung werden, selbst noch einmal ganz von vorne anfangen. Ja, noch viel mehr. Gott will am eigenen Leib das totale Angewiesensein auf einen anderen, auf eine andere erfahren. Lukas erzählt nicht nur, daß Gott jung wird. Er erzählt, wie Gott bedürftig und abhängig wird von der Liebe, Pflege und Sorge einer jungen Frau, seiner Mutter. Für dieses Neue bedarf es in der Tat einiges mehr als des Verständnisses unter den Generationen. Es bedarf eines neuen Herzens auf seiten der Väter, der Alten für die gerade erst zur Welt gebrachten, für diejenigen, die noch nichts geleistet, noch nichts getan, noch nichts hervorgebracht haben.

Erst diese Bekehrung der Väter wird die Welt verändern. Erst diese Bekehrung wird eine wahre Umkehr, eine Umkehr nicht zu sich selbst, zur eigenen Leistung, sondern eine Hinkehr zum Lebendigen, zu den Lebendigen, denn nur in den Lebendigen, in den Geborenen ist das Leben.

Doch nun zu den Frauen und Müttern. „Erzähl die Geschichte anders", hatte mich der Lukas 1978 n. Chr. gebeten. Lukas, kurz n. Chr., erzählt die Geschichte Gottes zugunsten der Kleinen und damit auch für die Großen.

Gott beginnt noch einmal, aber diesmal anders als das erste Mal. Die Auserwählte ist nicht die alte Frau aus vornehmem Geschlecht, sondern die junge, unverheiratete Frau. Eine Frau vielleicht wie Hagar. Ihr Sohn wird einmal groß sein, ihr Sohn wird der Erbe sein, er wird Sohn des Höchsten genannt werden, obwohl seine Mutter „von keinem Manne weiß".

Die junge Frau Maria glaubt das. Sie sagt nicht „ich bin zu jung, ich bin zu dumm". Sie freut sich einfach auf das Kind. Ihre Freude ist so groß, daß alle Bedenken, wie es ohne Mann wird, in den Hintergrund treten. Sie findet das nicht einmal lächerlich wie damals Sara.

Und Elisabeth, eine Frau an Alter und Stand eher wie Sara, ist beglückt über den Besuch dieses jungen Dings. Ihr Herz ist bereits bekehrt zu den Kindern, nicht nur zu dem noch Ungeborenen im eigenen Leib, sondern auch zu derjenigen, die es trägt, ganz jung und unverheiratet. Sie hat keine Angst, daß sich der Sohn der Magd über ihren Sohn einmal erheben wird, sie hat kein Problem damit, daß ihr langersehntes Kind nur der Bote werden wird und das unerwartete Kind der Jungen einmal der Größte sein wird. Sie ist nicht zu alt, um sich vor der jungen Frau zu verneigen.

Das Kind in ihrem Leib hat an ihr bereits das getan, was der Engel von ihm gesagt hat, „ihr Herz bekehrt", sie mit dem Heiligen Geist erfüllt.

Nun sieht das so aus, als habe sich Lukas das Neue so ausgedacht, eine schöne Geschichte daraus gemacht. Aber das wäre ihm nicht gelungen ohne den, der Geschichten nicht geschrieben, sondern Geschichte gemacht hat, Jesus. Jesus ist eben nicht Gott Vater, sondern Gott Sohn, Gott Kind. Gott nicht auf der Seite der Alten, der Tradition, sondern Gott auf der Seite der Jungen, der nicht immer schon so Gewesenen, sondern der noch werdenden Menschen.

Die Geschichte von Gott Mensch beginnt bei Lukas nicht mit dem Erwachsenen, sondern wie die Geschichte eines jeden Menschen mit Werden, Geburt, Kindsein und mit einer Frau, mit Frauen.

Es wird allgemein angenommen, daß der erwachsene Jesus ein Freund von Kindern war. Weniger tief in unsere Herzen ist gedrungen, daß Jesus sich nicht um das Glaubensleben von Kindern sorgte, weit mehr um das der Erwachsenen und Alten. Jesus hat nicht Kindern gepredigt. Kinder waren für Jesus die Vorbilder auf dem Weg ins Reich Gottes, denn ihnen gehört es noch. Im Erwachsenwerden liegt die Gefahr der Entfernung von Gott.

Seit einiger Zeit ertappe ich mich selbst bei der Bemerkung: Ich glaube, ich werde alt. Das kann man in meinem Alter durchaus sagen. Aber ich stelle fest, je häufiger ich es einfach so sage, macht es auch etwas mit mir. Es verführt mich. Das klingt vielleicht eigenartig, denn es könnte doch eine wichtige Einsicht sein. Aber warum sollte diese Einsicht mit 44 richtiger und wichtiger als mit 14, 24, 34 Jahren sein? Älterwerden, das ist doch kein Kennzeichen von Alter, sondern von Leben überhaupt. Mein körperlicher Zustand ändert sich, aber das ist schon eine Erfahrung mit vier Jahren. Zacharias sagte: Ich bin zu alt, und jeder von uns würde ihm da recht geben.

Aber Gabriel gibt sich damit nicht zufrieden. „Ich bin zu alt", das kann es für Gott nicht geben, das wäre ja Stillstand, das Gegenteil von Bewegung und bewegen ist leben.

So wie Lukas das letzte Wort aus dem Buch Maleachi aufnimmt, verändert er es entscheidend. Er sieht, es ist anders als bisher gewollt. Es geht ihm nicht um das einvernehmliche Miteinander von jung und alt. Aus Söhnen und Vätern werden bei ihm Ungehorsame und Gerechte, allerdings nicht so, daß die Ungehorsamen die Söhne sind und die Klugheit der Gerechten Kennzeichen des Alters. So genau nicht. „Ich bin zu alt" ist der ungehorsame Satz des Zacharias.

Die Geschichte von Zacharias zeigt auch, bei Gott zählt Glauben – nicht Stand, Ansehen und Leistung. Und für die neue Generation, die geboren werden soll, braucht Gott andere Väter und Mütter als bisher. Väter, die gelernt haben zu schweigen (nicht zu verwechseln mit sich heraushalten und gar nichts sagen), und Mütter, die nicht abhängig sind von Männern – wie Maria.

Wer bin ich? Was habe ich? Was habe ich erreicht? Was hinterlasse ich? Was wird einmal von mir bleiben?

Das sind Fragen, die sich Väter und Mütter, Männer und Frauen von einem bestimmten Alter an stellen. Fragen, die sich heftiger stellen, wenn die Zeit vorbei zu sein scheint, in der wir Lebendiges hervorbringen können. Lukas erzählt uns, daß es dafür kein zu alt und kein zu jung gibt. Es geht in seiner Geschichte um die Kraft, die Leben hervorbringt. Lukas mutet uns mit ihr das gleiche zu wie Gabriel dem Zacharias und der Maria. Er ermutigt uns, mehr zu sehen, als unser Wissen zuläßt, und mehr zu wissen, als unsere fünf Sinne erfassen können. Sie trauen Gott mehr zu, als ihnen zu glauben erlaubt war.

Maria und Elisabeth sind miteinander verwandt, verwandt weniger im Leiblichen als im Geistlichen. Sie sind beide vom Heiligen Geist erfüllt. Beide sind unter außergewöhnlichen Umständen schwanger geworden. Aber die neue Zeit beginnt für sie beide erst mit der neuen Antwort, die sie geben. Maria ist mit ihrer Geschichte nicht an die Öffentlichkeit gegangen, sondern zu einer, die ihr verwandt war – vielleicht ist das „die Klugheit der Gerechten".

HELGA MANTELS

Da ich's wollte verschweigen

Wohl dem, dem die Übertretungen vergeben sind,
dem die Sünde bedeckt ist!
Wohl dem Menschen, dem der Herr die Missetat
nicht zurechnet, in dessen Herz kein Falsch ist.
Denn da ich's wollte verschweigen, verschmachteten
meine Gebeine durch mein täglich Heulen.
Denn deine Hand war Tag und Nacht schwer auf mir,
mein Lebenssaft vertrocknete,
wie es im Sommer dürre wird.
Darum bekannte ich dir meine Sünde
und verhehlte meine Missetat nicht. Ich sprach:
Ich will dem Herrn bekennen meine Übertretungen,
du aber vergabst mir die Schuld meiner Sünde.
Darum werden zu dir beten alle Heiligen zur rechten Zeit.
Darum, wenn große Wasserfluten kommen,
werden sie mich nicht erreichen;
du bist mein Schirm.
Du wirst mich vor Angst behüten, daß ich errettet
gar fröhlich rühmen kann.
(Ps 32,1–7)

Es war in dem heißen Sommer in Südfrankreich, als ich mit anderen Gästen in dem geräumigen Ferienhaus von Freunden Erholung und Stille suchte. Die langen Wege allein durch die weiten Weinfelder taten mir wohl. Einmal begleitete mich eine mir noch kaum bekannte Frau. Ein Gespräch über die Landschaft entspann sich, über das sommerliche Licht, das gegen Abend die Farben über den Hügeln und Feldern wunderbar vertiefte. Unvermittelt begann sie: „Mich hat es körperlich krank gemacht, daß ich nicht mehr mit ihm sprechen konnte. Nebeneinander herleben, die wachsende Entfernung spüren, das Alltägliche weiter verrichten, als sei alles wie seit je und nichts geschehen, meine kärglichen Versuche, zu sagen, was mich quält, die wie an einer Mauer abprallten. Und dann die Trennung. Ich lebe allein, schon längere Zeit, aber die Schmerzen wichen nicht. Wie sollte ich neu beginnen? Heute sehe ich meinen Part auf dem unerträglichen Weg des Verstummens in einem anderen Licht. Die dumpfe Traurigkeit weicht langsam von mir. Wissen Sie, man muß darüber sprechen können."

Unser Pfad bog ab zu den ausgedehnten dunkleren Weinfeldern des nächsten Dorfes. Was sie mir mitteilte, bedurfte keiner Erwiderung. Ich verstand sie gut. Wir hatten am Tag zuvor in der Kapelle den 32. Psalm meditiert.

Es ist kein Bußgebet wie etwa Davids Schuldbekenntnis nach dem Gespräch mit Nathan, dem Propheten (Ps 51). Mir ist dieser 32. Psalm immer wieder wie der Ausschnitt einer Lebensgeschichte erschienen. Auf eine lange Strecke seines Lebens blickt der unbekannte Beter hier zurück, auf viele Monate oder gar Jahre körperlichen Leidens, quälend wie ein Verdursten, wie ein langsames Zusammenbrechen unter einer Last, an die man gekettet ist. Aber er, der wohl stark war, hat der Hand, die so schwer auf ihm lag, nicht nachgegeben. In kühnem Trotz seines Selbstbewußtseins ging er unbeirrt, wenn auch belastet, weiter seinen Weg. Wir würden das heute wohl Verdrängung nennen.

Dieser Psalm ist für mich ein Befreiungslied. Die beglückende Erkenntnis einer Erfahrung, die der Unbekannte in alter Zeit offenbar erst errang, nachdem seine ganze Existenz auf dem Spiel stand. Seine Übertretungen, seine Schuld ist „bedeckt", „weggenommen" – so jubelt er in den ersten Versen. Worin er fehlte und schuldig wurde, das bleibt für uns im dunkeln, obwohl der Psalmist so offen über seine ganz persönlichen Erfahrungen spricht. Die Schuld wird ihm nicht mehr zugerechnet. Der Schlüssel zur inneren Befreiung, zur Umkehr seines Verhaltens wird deutlich beschrieben: Er hat sich selbst vor Gott zugegeben, was geschehen war. Das erfahren nur diejenigen – fügt er hinzu –, „in deren Herz kein Falsch ist". Das Entscheidende war die unbedingte Wahrhaftigkeit, die auf eine Schonung des so empfindlichen Ich verzichtet. Statt des eigensinnigen erbärmlichen Geschöpfes, das sich in Qual verzehrt – so sieht sich der Psalmist in der Rückschau –, konnte nun ein Mensch befreit, wie neugeboren, seinen Lebensweg fortsetzen. Seine Freude darüber will er anderen mitteilen.

In unserer Arbeit im Krankenhaus und im Zusammenleben mit alten Menschen ist dieser Plan für mich immer wieder eine Ermutigung in eigenem Versagen, im Erinnern der vielfachen Gnade, die ich empfangen habe, und eine verläßliche Hilfe beim Begleiten kranker Menschen. Denn nicht selten vertiefen sich die Ängste vor Operationen oder während der Behandlung unheilbarer Krankheit durch frühere, verdrängte Erfahrungen. Ich denke an eine alte Patientin, die – zum ersten Mal in ihrem Leben ernsthaft erkrankt – in unser Krankenhaus eingewiesen wurde; ein lebensbedrohender chirurgischer Eingriff war nicht zu vermeiden. „Jetzt bekomme ich die Rechnung, jetzt mit dieser Krankheit", stieß sie eines Tages verzweifelt hervor und schüttete alles vor mir aus, was sie belastete – ihren Eigensinn, ihre Erfolge, Selbsttäuschungen, Mißverständnisse, verdrängte Schuld. Ich versuchte, ihr Tröstliches zuzusprechen. Doch dürftig erschienen mir meine eigenen Worte in dieser Stunde. Der Beter dieses Psalms hat mir und ihr geholfen. Die Ängste, die wie Wasserfluten auf sie eindrangen, wichen allmählich in unserem Gespräch. Sie kam zur Ruhe – und konnte schlafen, eine Vorbedingung für das von uns allen erhoffte Gelingen der schwierigen Operation. „Wer aber auf den Herrn hofft, den wird die Güte umfangen", heißt es im 10. Vers.

Der Kirchenvater Augustin, der diesen Psalm besonders liebte, wußte, wie schwer es ist, Fehler, Versäumnisse, Schuld zu bekennen, vor sich selbst und vor anderen. Es wird berichtet, daß er „oftmals mit weinendem Herzen und Augen (diesen Psalm) gelesen und vor seinem Ende ihn an die Wand, die seinem Siechbett gegenüberstand, hat schreiben lassen, darin er sich in seiner Krankheit geübt und sich getröstet hat".

Mit dem Psalmisten und vielen alten Menschen, denen ich begegne, freue ich mich des Herrn, der uns befreit, und möchte mit diesem Befreiungspsalm dazu anstiften, ihm getrost zu vertrauen, auch an solcher Wegscheide.

GERTA SCHARFFENORTH

Wege der Alleingebliebenen

Zu der Zeit, als die Richter regierten, entstand eine Hungersnot im Lande. Da zog ein Mann von Bethlehem in Juda mit seiner Frau und seinen beiden Söhnen ins Land der Moabiter, um dort als Fremdling zu wohnen. Der Mann hieß Elimelech, seine Frau Naëmi und seine beiden Söhne Machlon und Kiljon; . . . Und als sie ins Land der Moabiter gekommen waren, blieben sie dort. Dann aber starb Elimelech, Naëmis Mann, und sie blieb allein mit ihren beiden Söhnen. Die nahmen sich moabitische Frauen; die eine hieß Orpa, die andere Ruth. So wohnten sie dort etwa zehn Jahre. Da starben auch die beiden, Machlon und Kiljon, und Naëmi blieb nach dem Tod ihres Mannes und ihrer beiden Söhne allein.

Da machte sie sich auf mit ihren beiden Schwiegertöchtern und zog wieder zurück; denn sie hatte erfahren im Moabiterland, daß der Herr sich seines Volkes angenommen und ihm wieder Brot gegeben hatte.

(Ruth 1,1–6)

„In der Welt habt ihr Angst; aber seid getrost;
ich habe die Welt überwunden."
(Joh 16,33b)

Diese alte Geschichte eines schmerzhaften Aufbruchs von Frauen einer bäuerlichen Welt in eine ungesicherte Zukunft machte mich eines Tages – es liegt schon Jahre zurück – sehr betroffen. Ein internationales Seminar in der Schweiz hatte Christen verschiedener Traditionen aus allen Kontinenten zusammengeführt unter dem Thema „Familienleben in den Spannungen unserer Zeit" – Ehepaare, unverheiratete Männer, alleinstehende Frauen. In der Vorbereitung der Bibelarbeiten hatte ich sogleich an diese Erzählung gedacht. Denn ich wußte, viele Teilnehmer kamen aus Entwicklungsländern; ihre Lebensbedingungen waren geprägt durch soziale Nöte, Verfolgung, Krieg, Hunger, Flucht und Vertreibung. Das alte Buch Ruth bot den Ansatz bei realen Erfahrungen.

Bei dem genauen Lesen der bekannten Geschichte im Blick auf Menschen in solchen Lebensumständen brachen Erinnerungen in mir auf an das Kriegsende und die Nachkriegsjahre, Erinnerungen, die sich nicht eindämmen ließen. Düstere Bilder der verfrorenen Trecks, die wir im eiskalten Winter 1944/45 in unserem geräumigen, alten Landhaus in Schlesien, je für eine oder zwei Nächte, aufnahmen; überwiegend waren es Frauen, ältere und junge Frauen mit Kindern; denn die Männer waren gefallen oder vermißt, oder sie kämpften noch irgendwo an der fernen Front – würden sie heimkehren? Unsere eigene, verwirrende Rückkehr ins Heimatdorf nach mißglücktem spätem Treckversuch durch die Tschechoslowakei in den Westen: zwei ältere, vier junge Frauen mit drei Kindern; eine Familie mußten wir im tschechischen Ort unserer Inhaftierung zurücklassen, auf dem Friedhof; in unserer ausweglosen Situation hatten sich der Mann und seine Frau mit den Kindern das Leben genommen. Dann das ungesicherte Weiterleben in vertrauter Umgebung, doch mit Sorgen und vielen Ängsten unter russischer und polnischer Besatzung. Später die Aussiedlung Ende 1946 – ein langer Güterzug, Viehwaggons, beladen mit Familienschicksalen, viele Alleingebliebene mit geringer Habe auf dem Weg ins Ungewisse. Wie leben wir mit diesen Erinnerungen, mit den Ängsten, die in den Träumen meiner erwachsenen Kinder manchmal noch aufstiegen? Was bedeuten solche Erinnerungen im Alter?

Damals bedrängte mich, angesichts des Friedens und Wohlstandes, in denen wir im Westen leben konnten, das Bewußtsein, daß die von fern hergereisten Gäste im ökumenischen Seminar in ihrer Welt andauernd politische Bedrohung und sozial Nöte, Trennung der Familien durch Gefängnis oder Tod ertragen mußten. Meine Erinnerungen bahnten nun den Zugang zu dem Leid in anderen Ländern und Kulturen. Sie halfen, auf Einzelheiten dieser sehr alten Geschichte zu achten. Und ich wurde von neuem gewahr, daß in der Bibel das Menschsein zwischen Geburt und Tod, Lebensfreude und Trauer, Geborgensein im Miteinander und Einsamkeit in einer Dichte aufgezeichnet ist, die theologische Arbeiten häufig verdrängen. Oft so sehr, daß gar nicht sichtbar wird, wie Gott im Bunde ist mit allen einzelnen in ihrer Not und ihrer Hoffnung.

Hier hatte der Tod hart in das Leben von drei Frauen eingegriffen. Verlust des Mannes und beider Söhne, frühe Witwenschaft der Schwiegertöchter ohne Kinder – in der patriarchalischen Welt hieß das, auch äußere Sicherheit und soziale Stellung zu verlieren. Der dreifache Tod traf eine Familie, in der alt und jung, Männer und Frauen gut miteinander lebten. Die alte Frau erfuhr die Tode als Vernichtung ihrer Existenz, die sie nach der Hungerzeit in Juda mit ihrem Mann jenseits der Grenze hatte gründen können. Nun mußte sie ihr Leben selbst in die Hand nehmen. Beim Aufbruch ließ sie alles zurück, was sie mit dem Mann geschaffen hatte – alles, was an die Söhne, deren Heranwachsen und Mitarbeit erinnerte, an die Heirat mit den jungen Moabiterinnen, die Hoffnung auf Kindeskinder und die Fortsetzung des Geschlechts. Ein Bleiben ohne männlichen Beistand böte im fremden Land keine Zukunft. Doch was bleibt beim Abbruch der bisherigen Existenz von einem langen Leben?

In dieser Situation trägt allein der Zusammenhalt der Familie, der Hinterbliebenen. Gemeinsam brachen sie auf zur Rückkehr nach Bethlehem. Doch für die jungen Witwen war es ein Weg in die Fremde. Der Tod, der geliebte Menschen entriß, traf auch, was zusammengewachsen war zwischen Einheimischen und Fremden. Angesichts der Verluste, die sie erlitten, trat die unterschiedliche Herkunft und religiöse Verwurzelung wieder ins Bewußtsein. Freilich: Wer weiß noch in Bethlehem, wer Naëmi ist? Dennoch bricht Naëmi auf, im Herzen das tiefe Verlangen nach dem „Beistand ihres Gottes in Zion", der seinem Volk „Sonne und Schild" ist, wie es im 84. Psalm heißt. Was auf solchen Scheidewegen zwischen Menschen geschieht, hat der alte Text sorgsam bewahrt:

„Und Naëmi ging aus von dem Ort, wo sie gewesen war, und ihre beiden Schwiegertöchter mit ihr. Und als sie unterwegs waren, um ins Land Juda zurückzukehren, sprach sie zu ihren beiden Schwiegertöchtern: Geht hin und kehrt um, eine jede ins Haus ihrer Mutter! Der Herr erweise euch Liebe, wie ihr sie den Toten und mir getan habt. Der Herr gebe euch, daß ihr Ruhe findet, eine jede im Hause eines Gatten. Und sie küßte sie. Da hoben beide laut an zu weinen und sprachen mit ihr: Wir wollen mit dir zu deinem Volk gehen.

Aber Naëmi sprach: Kehrt um, meine Töchter! Warum wollt ihr mit mir gehen? Wie kann ich noch einmal Kinder in meinem Schoß haben, die eure Männer werden könnten? Kehrt um, meine Töchter, und geht hin; denn ich bin nun zu alt, um wieder einen Mann zu nehmen. Und wenn ich dächte: Ich habe noch Hoffnung! und diese Nacht einen Mann nehmen und Söhne gebären würde, wolltet ihr warten, bis sie groß würden?

Nicht doch, meine Töchter! Mein Los ist zu bitter für euch; denn des Herrn Hand hat mich getroffen.

Da begannen sie noch mehr zu weinen. Und Orpa küßte ihre Schwiegermutter, Ruth aber blieb bei ihr.

Naëmi aber sprach: Siehe, deine Schwägerin ist umgekehrt zu ihrem Volk und zu ihrem Gott; kehre auch du um, deiner Schwägerin nach. Ruth antwortete: Rede mir nicht ein, daß ich dich verlassen und von dir umkehren sollte. Wo du hingehst, da will ich auch hingehen; wo du bleibst, da bleibe ich auch. Dein Volk ist mein Volk, und dein Gott ist mein Gott. Wo du stirbst, da sterbe ich auch, da will ich auch begraben werden. Der Herr tue mir dies und das; nur der Tod soll mich von dir scheiden!

Als Naëmi nun sah, daß sie darauf beharrte, mit ihr zu gehen, ließ sie ab, ihr zuzureden. So gingen die beiden miteinander, bis sie nach Bethlehem kamen. Und als sie nach Bethlehem hineinkamen, erregte sich die ganze Stadt über sie, und die Frauen sprachen: Ist das nicht die Naëmi? Sie aber sprach zu ihnen: Nennt mich nicht Naëmi (die Liebliche), sondern Mara (die Bittere); denn der Allmächtige hat mir viel Bitteres angetan. Reich zog ich aus. Aber arm hat der Herr mich zurückgebracht. Warum nennt ihr mich denn Naëmi, da doch der Herr gegen mich gesprochen und der Allmächtige mich betrübt hat?

Es war aber die Zeit der Gerstenernte, als Naëmi mit ihrer Schwiegertochter Ruth, der Moabiterin, zurückkam vom Moabiterland nach Bethlehem." (Ruth 1,7–22)

Unterwegs erst wird Naëmi klar: Die Entscheidung, die sie traf, kann nicht der Weg für die jungen Frauen sein. Darum nimmt sie Abschied, schickt Orpa und Ruth zurück und verzichtet auf die gute Gemeinschaft mit ihnen. Sie rät zur Wiederheirat, für junge Witwen das Natürlichste von der Welt. Kein Pochen auf Pflichten gegenüber dem Alter. Im Gegenteil – zärtlich drängt sie: „Der Herr erweise euch viel Liebe, wie ihr mir und den Toten getan! Mögt ihr Ruhe finden", so wie sie Mann und Frau einander gewähren können. Doch die jungen Frauen lehnen dies weinend ab. Sie wollen mit der Schwiegermutter gehen, mit der sie warme Zuneigung verbindet.

Mit Entschiedenheit bleibt Naëmi aber beim Rat der Trennung und begründet ihn, höchst realistisch ausgeschmückt: Ihr Leben sei wesentlich abgeschlossen. Lust, Liebe, Gebären, Kinderfreuden, Mittelpunkt tätigen Lebens zu sein, das sei nun vorbei. Alles hat seine Zeit. Wir staunen über diese Freiheit und Selbsterkenntnis. Abgrundtiefe Trauer, aber keine Resignation. Eine hinterbliebene, alte Frau nahm ihre Grenzen an und wagte den nötigen Aufbruch in den letzten Lebensabschnitt allein, ein Weg ins Ungewisse. Weil sie sich über ihre Zukunft keiner Illusion hingibt, vermag sie das Leben der Schwiegertöchter klar in den Blick zu nehmen, ungetrübt von latenter Erwartung: ‚Ich kann euch in meinem Alter nicht mehr nützen. Den erlittenen Verlust muß ich tragen und warten, was Gott mir sagen wird. Euch steht der Weg in eine neue Zukunft offen.' Dreimal gibt sie mit zärtlichen Gesten den entschiedenen Rat. „Kehrt um!" Obwohl der Schmerz um die Verstorbenen alle drei verbindet, sieht Naëmi, daß ihr Leid von der Trauer der Jungen zu unterscheiden ist. „Wollt ihr euch einschließen, keinen Mann nehmen? Nicht doch, meine Töchter! Mein Los ist zu bitter für euch. Des Herren Hand hat mich getroffen." Nun geht Orpa zurück. Naëmi gibt ihre Schwiegertöchter frei ohne Bedingungen. In der Kraft loszulassen, gewinnt diese einfache alte Frau auf ihrem einsamen Weg eine Würde, daß sie mir wie eine der tragischen Gestalten der Antike vor Augen steht.

Da aber wird sie überwältigt von dem liebevollen Widerspruch der Ruth: „Wo du hingehst, da will ich auch hingehen. Dein Volk sei mein Volk, dein Gott sei mein Gott." Dies schöne Wort – ist es nicht lange Zeit allzu beliebt bei uns gewesen als Leitbild von Gemeinsamkeit, auch der Gemeinschaft von Mann und Frau, die doch so schwer zu gestalten und durchzuhalten ist? Gewiß, es war der Überschwang eines warmen Herzens, die Spontaneität einer jungen Frau, die einer Vision folgte, darum vielleicht mehr versprach, als später zu halten war: „Nur der Tod soll uns scheiden." Naëmi drängte vergeblich noch einmal zur Umkehr, Ruth beharrte bei ihrem Entschluß. Und Naëmi begreift nun, es ist ihr ernst. Die Wege der jungen Frauen trennen sich. Für Naëmi und Ruth beginnt ein neues Miteinander aus freier Entscheidung, die Ruth, die jüngere, traf.

Vom Glauben ist in dieser alltäglichen Geschichte wenig die Rede. Wie so oft im Alten Testament reden aber die Texte, wenn sie von Menschen erzählen, zwischen den Zeilen eindringlich von Gott, der auch in unserem vordergründigen Handeln stets gnädig am Werk ist.

Nach dem langen Weg zu Fuß, voller Trauer und mit Ängsten, ist in Bethlehem manches anders gelaufen, als Naëmi vermutete. Sie wird erkannt, man ruft sie beim Namen, der Jugendbilder weckt. Aber wer weiß etwas von ihrer Vergangenheit, ihrem Leben mit ihrem Mann und den Söhnen? Im Gerede der Leute spürt sie Abfälliges – wie sie so armselig daherkäme, Naëmi, die Liebliche, nun von Arbeit und Alter gezeichnet. Diese kühle Distanz fordert sie heraus, offen zu ihrem bitteren Schicksal zu stehen. „Reich bin ich ausgezogen, arm hat mich der Herr heimgebracht. Der Allmächtige hat gegen mich gesprochen." Sie findet die Kraft, das unbegreifliche Eingreifen Gottes in ihr Leben anzunehmen, zugleich mit der offenen Frage: Was wird die Zukunft bringen?

Unter die Armen muß die alte Bäuerin sich nun mit Ruth einordnen. Um zu überleben, müssen sie Armenrechte wie das Ährenlesen bei reichen Bauern in Anspruch nehmen. Viele der älteren Generation haben wie ich solchen Absturz in anonymes Elend damals nach Kriegsende erlebt. Verletzungen und Ängste bleiben da nicht aus. Ähnlich mag es heute manchen Asylanten gehen. Etwas von den Risiken dieses Neubeginns im Alter hat Ruth wohl geahnt, als sie sich entschied mitzugehen.

Der letzte Vers im Text verweist auf die Gerstenernte. Diese Jahreszeit bildet den Rahmen für die weiteren Geschehnisse – für die Begegnung mit Boas aus dem Stamme Davids, den wir aus Jesu Stammbaum kennen. Bei Boas hat Ruth später die Geborgenheit gefunden, die Naëmi für sie erbat, als sie Ruth zurückschickte. Wir wissen, diese Ehe kam nicht ohne menschliche Berechnung und gewagte Vorschläge der alten Frau zustande. Daß diesem Paar dann ein Sohn geboren wurde, dessen Urenkel David ist, der Gesalbte Israels, ein Sohn, der auch Naëmis späte Lebenszeit erhellte, das ist das unerwartet gute Ende dieser zärtlichen Geschichte einer unsäglichen Trauer.

Damals im ökumenischen Seminar haben wir über die Ängste gesprochen, die Menschen durch gewaltsame Trennung von Familien heute in vielen Ländern erleiden. Auch davon, welchen Trost der gegenseitige Beistand und das Gebet der Gemeinde in solchen Zeiten bedeuten. Mir kamen die Ängste der verfolgten Juden im Dritten Reich nicht aus dem Sinn. Schon in den Anfängen blieben ungezählte Möglichkeiten, diese Ängste zu mindern, ungenutzt durch Verblendung und furchtsame Selbstbezogenzeit. Auch dies gehört zu meiner

Vergangenheit, zu dem was wir, die alte Generation, erlebten.

Meine Erinnerungen haben sich mit neuen Erfahrungen und Einsichten verwoben, immer wieder betroffen von der Wirklichkeitsnähe biblischer Erzählungen, aus denen wir Klarheit und Ermutigung gewinnen. Ich höre in diesem Text aus dem Buch Ruth den tröstlichen Zuruf: Wir brauchen einander im Lebenszusammenhang der Generationen. Auch heute geschieht es, daß junge Menschen wie Ruth alte Mütter oder Väter eine entscheidende Wegstrecke begleiten. Mir scheint, ohne Orpa und Ruth, ihre zärtliche Zuwendung, hätte Naëmi kaum die Würde des Alters erlangt, die sie noch heute ausstrahlt. Liebe hat geheimnisvolle, schöpferische Kraft.

Unüberhörbar ist für mich der andere Rat: Gebt einander frei für die verschiedenen Lebenswege! Uns, den Älteren, verschleiert die Kunst der Medizin oft den Blick für unaufhebbare Grenzen. Aufrecht dem nahenden Tod entgegenzugehen, der mich rufen wird, je nur mich allein – diese Klarheit gibt uns die Weite des Geistes, um bis zuletzt wach am Leben der Jungen teilzunehmen.

HEIDE-MARIE LAUTERER-PIRNER

Totaliter aliter

Nicht, daß ich es des Mangels halber sage; denn ich habe gelernt, in der Lage, in der ich bin, mir genügen zu lassen. Ich weiß in Niedrigkeit zu leben, ich weiß auch Überfluß zu haben; in alles und jedes bin ich eingeweiht, sowohl satt zu sein als zu hungern, sowohl Überfluß zu haben als Mangel zu leiden. Alles vermag ich durch den, der mich stark macht. Doch ihr habt wohl daran getan, daß ihr Anteil nahmt an meiner Bedrängnis.

(Phil 4,11–14)

Als sie zum ersten Mal in unser Haus kam, wichen die Kinder vor ihr zurück. Ob es wegen ihres Aussehens, ihrer fremdartigen Kleidung oder ihres Alters war – ich weiß es nicht.

Sie war klein und bucklig. Wenn jemand sie ansprach, schaute sie, ohne den Kopf zu bewegen, nur durch eine Drehung der Augen nach oben. So, als ob sie ihr Gegenüber auf Herz und Nieren prüfen wollte. Vielleicht hatten die Kinder im ersten Augenblick auch Angst vor ihrer übergroßen Hakennase. Ganz sicher aber befremdete ihre dunkle Diakonissentracht. Die steife Haube legte sie mit einem ironischen Augenzwinkern gleich beim Betreten unseres Hausflures ab. „Sie erlauben doch." Ich glaube, es waren ihre Augen, die die Kinder davon abhielten, Reißaus zu nehmen. Sie funkelten vor Lebendigkeit, Güte, Witz und Geist und der Schalk – vielleicht saß er ihr ja wirklich im Nacken – schaute aus ihnen hervor. Das gefiel den Kindern – sie erkannten in der Alten eine, die zu ihnen gehörte.

Statt einer Begrüßung rief sie mir zu: „Marie, ich werde alt." Da war sie aber schon alt – über achtzig Jahre lang.

Sommer war es, und ich stand barfüßig auf steinernem Küchenboden. Mit einer Behendigkeit, die ich ihr nicht zugetraut hatte, entledigte sie sich ihrer Schuhe und Strümpfe. Probeweise ging sie ein paar Schritte. „Lieben Sie es auch so sehr wie ich, mit nackten Füßen auf steinernem Boden zu gehen?" „Ganz ohne den warnenden Zeigefinger Ihrer Mutter im Unterbewußtsein?" entgegnete ich. Ihr amüsiert-befremdeter Blick nahm die Antwort voraus: „Ganz ohne."

Wir sagten ‚Sie' zueinander und nannten uns beim Vornamen. Sie kam aus gutem Hause. Ihr Vater war Klavierfabrikant in Frankfurt. Die Mutter führte das großbürgerliche, gastfreundliche Haus. Sie arrangierte Soireen und Hauskonzerte. Der junge Hindemith war mit der Familie befreundet. Zwei der drei Kinder – Gertrud jedoch nicht – hatten wie der Vater das absolute Gehör. Die Liebe zur Musik erbten alle drei. Geboren im späten Kaiserreich, standen ihr in ihrer Kindheit viele Wege offen. Genauer gesagt, sie hatte die Wahl. Das wußte sie. Trotz hoher Begabung entschied sie sich nach dem Abitur gegen eine Gesangsausbildung und nahm das Studium der Philosophie und Soziologie auf.

Sie saß an unserem Küchentisch, trank starken schwarzen Kaffee und sagte: „Studierende Frauen waren unbeliebt wie die Juden, weil sie arbeiteten." Gertrud studierte an gegen das Schicksal ihrer Mutter, der zu ihrer Zeit eine akademische Ausbildung verwehrt war, und gegen den Lebensweg der Schwester, die eine glanzvolle Karriere als Sängerin zugunsten der eigenen, neugegründeten Familie aufgab.

Sie sagte auch: „Studierende Frauen waren Wesen, mit denen man nicht zum Tanzen ging." Galt dieser Satz auch für sie selbst? Nicht ganz, denn einer war ja mit ihr zum Tanzen gegangen, damals in Frankfurt. Daß er später – viel später – den Nobelpreis für Physik gewann, entnahm sie den Nachrichten im Fernsehen. Zu dieser Zeit lebte sie schon lange in ‚Jerusalem'. Und sie war – aber das hätte sie uns gegenüber nie zugegeben – auf ihn ein bißchen stolz.

Die Alte half bei der Zubereitung des Abendessens, schnitt Tomaten, Zwiebeln, Petersilie. Dabei erzählte sie dem Kind eine Geschichte aus ‚Alice in Wonderland': „There was a little girl, who had a little curl, and when she was good, she was very, very good, and when she was bad she was awful." – „Was heißt eigentlich gööl?" fragte das Kind, das in der Schule gerade begonnen hatte, Englisch zu lernen.

Am Abend trank sie mit uns roten Wein und erzählte weiter die Geschichten ihres Lebens. Nicht der Reihe nach, sondern so, wie sie ihr in den Sinn kamen und so wie sie ihr gefielen. Sie sagte – und lächelte dabei –, sie sei alt und denke manchmal an den Tod. Dabei fiel ihr immer die Geschichte von den beiden alten Mönchen ein; sie hatten verabredet, daß derjenige, der zuerst starb, dem anderen durch ein verschlüsseltes Wort mitteilen sollte, wie sich das Leben nach dem Tode anließe. Entsprach es ihren Vorstellungen, so sollte das Codewort ‚totaliter' lauten; war es jedoch anders – ‚aliter'. Es dauerte nicht lange, bis der eine Mönch starb. Bald darauf kam der Kontakt zustande. – „Totaliter aliter" – lautete die Botschaft.

Als junge Frau wollte sie auf eigenen Füßen stehen, selbständig für ihren Unterhalt sorgen, unabhängig sein. Die Freude an der Wissenschaft – in Heidelberg hörte sie Vorlesungen bei Jaspers und Hellpach – und der Ernst, mit dem sie bei der Sache war, wiesen die Richtung. Mit einer Doktorarbeit schloß sie ihr Studium ab. Aber 1933 wußte sie, daß sie mit dem selbstgewählten Thema ihrer Dissertation die kaum begonnene wissenschaftliche Karriere an den Nagel hängte. So schrieb sie ihre Arbeit in der erklärten Absicht, den nationalsozialistischen Rassenantisemitismus als Humbug zu entlarven. Die Arbeit wurde angenommen, doch eine Anstellung in Hitlerdeutschland bekam sie damit nicht mehr. – „Und dann", fragte an dieser Stelle das Kind – „wurdest du doch noch Sängerin?" „Sängerin –?" entgegnete sie überrascht – und dann noch einmal, so als wollte sie jeden einzelnen Laut auf seine Brauchbarkeit prüfen – Sängerin –?" An diesem Abend wurde es spät. Das Kind und die Alte waren die letzten, die zu Bett gingen.

Sie wohnte in ‚Jerusalem'. Dort besuchte ich sie ein Jahr später. Das Mutterhaus lag mitten in Hamburg an einer großen, lärmenden Durchgangsstraße. Ein altes, großbürgerliches Haus im Stil der Jahrhundertwende. Im Treppenhaus ein Fahrstuhl der ersten Generation. Hier blieb ich nicht lange unbemerkt. Eine kleine, rundliche Diakonisse, an Jahren wohl dem Fahrstuhl gleich, fragte nach dem Wohin und nahm sich meiner an. Sie öffnete und schloß das Eisengitter, drückte den Knopf, auf daß der Fahrstuhl hielte im dritten Stock; lächelte, vermied es, mir in die Augen zu sehen, und sprach kein Wort. Ein Ruck, und der Aufzug kam zum Halten; sie öffnete die innere Tür, öffnete das Eisengitter im dritten Stock, begleitete mich hinaus, entlang den Korridor bis hin zur Wohnungstür auf der linken Seite, drückte für mich den Klingelknopf, hörte auf Schritte hinter der Tür, wartete, bis sie sich öffnete, grüßte: „Guten Morgen, Schwester Gertrud", und eilte, kaum daß sie die Antwort abwartete, zurück zum Fahrstuhl, dessen Tür noch offenstand und deshalb auf sie wartete.

‚Schwester Gertrud' also. – Da stand sie vor mir und freute sich. In ihrem grauen Diakonissenkleid, ohne Haube, klein, mit dem ihr eigenen prüfenden Blick. Im Halbdunkel des Korridors erschien sie mir müde und zerbrechlich. Geschrieben hatte sie von überstandenen schweren Krankheiten, von Knochenbrüchen und Lungenentzündungen. In ihrer kleinen Küche kochte sie für uns beide Kaffee – schwarz und viel zu stark. Als sie zu erzählen begann, überraschte mich die süddeutsche Färbung ihrer Sprache. Nur widerstrebend ließ sie sich von den Lieblingsgeschichten ihres Lebens abbringen. Ich kannte sie alle aus ihren Briefen, immer wieder kehrte sie darin zu ihrer Kindheit zurück. Ich aber wollte wissen: Was fängt eine an, die nicht mehr die Wahl hat?

Eine Anstellung in einer Hypothekenbank, vermittelt durch einen Verwandten im Jahr 1933. Keine Kenntnisse über das Wesen einer Hypothek, deshalb Beginn als Sekretärin mit Schreibmaschine und Stenographie. Ziemlich bald Interesse für wirtschaftliche Zusammenhänge. Bearbeitung der Akten der 4. Zinssenkung. Aufstieg zur Sachbearbeiterin und Beginn des Ökonomiestudiums – nebenberuflich. Vermittlungstätigkeit für einen untergetauchten jüdischen Bankier – Vertrauensstellung bei der Bank. Und das alles so weiter, bis man ihr die Leitung einer eigenen Bankfiliale antrug.

Um 12 Uhr gab es Mittagessen, um 18 Uhr Abendessen und um 8 Uhr Frühstück. Ich begleitete sie zu allen Mahlzeiten hinunter in den Eßsaal. Da saßen die alten Frauen an ihren Plätzen. Sie trugen das Diakonissenkleid, grau mit weißem Kragen und die gestärkte Haube. Diakonissen im Ruhestand, Feierabendschwestern. Einfache Frauen, manche von ihnen sehr alt. Sie sprach ein paar Worte mit dieser, mit jener, höflich und aufmerksam, doch ohne die geistvolle Ironie, die ihr auf der Stirn geschrieben stand. Wie oft hatte sie in der zweiten

Hälfte ihres Lebens diesen Saal betreten? Es wäre auszurechnen – die Tage seit ihres Eintrittes zu multiplizieren mit der Anzahl der Mahlzeiten . . .

Noch einmal gab sie wissentlich ihre gerade begonnene Karriere auf. Weil ihr die Zinsen, die die Bank von den kleinen Leuten für die Kredite zum Wiederaufbau verlangte, betrügerisch hoch erschienen und weil ihr andere Machenschaften der Bank noch weniger gefielen. Lieber wollte sie bei denen sein, die alles verloren hatten und doch den Mut hatten neuanzufangen. Sie ließ sich anstellen bei einer kirchlichen Einrichtung und arbeitete in der Flüchtlingshilfe. Später dann Familienberatung und die Arbeit mit den ‚gefallenen Mädchen'. Drei von ihnen nahm sie mit, als man sie zur Oberin des Mutterhauses Jerusalem berief. Diese eine Bedingung stellte sie. Damals hatte sie die Fünfzig schon überschritten und sich das Rauchen abgewöhnt. Kompromisse in wichtigen Dingen machte sie auch jetzt noch nicht. Sie konnte sich jedoch anpassen. Schwierige Fälle nahm sie als Stilfrage, da fühlte sie sich sicher. Manchmal war sie einsam.

Beim Abschied fragte sie – vielleicht wollte sie mich noch nicht gehen lassen –: „Sie kennen doch die Geschichte von den beiden alten Mönchen?" – „Ja", sagte ich, „totaliter aliter" – ‚Genau wie dein Leben, Schwester Gertrud' – dachte ich beim Weggehen, und bemerkte, daß ich in Gedanken ‚du' zu ihr sagte.

Eine Szene ihres Lebens ging mir durch den Sinn. Gertrud verließ um elf Uhr den Hörsaal und stieg den steilen Schloßberg hinauf, vorbei an den Verbindungshäusern, die aussahen wie Festungen. Vor einem der Häuser blieb sie stehen und setzte sich auf ein kleines Mäuerchen. Sie schaute auf die Uhr und wartete. Nach ein paar Minuten hörte sie Klaviermusik. – Debussy . . . Sie drang durch ein geöffnetes Fenster im ersten Stock, so deutlich, daß sie jeden einzelnen Ton hören konnte. Pünktlich auf die Minute begann einer in diesem Haus zu dieser Stunde sein Klavierspiel – an allen Wochentagen –, das hatte sie auf ihren Spaziergängen entdeckt. Die Sonne schien, der Himmel war blau, leichter Dunst lag in der Luft. Auf den sonnenbeschienenen Hängen jenseits des Flusses blühten schon die ersten Mandelbäumchen. Sie ließ sich von der Frühlingsluft umwehen, hörte dem Klavierspiel zu und vergaß die Welt um sich herum.

Ja, so war es. Aber doch ganz anders. Nach einer Viertelstunde stand sie auf und verließ ihre Wohnung. Im Korridor, den Türgriff zum Fahrstuhlgitter schon in der Hand, bemerkte sie, daß sie vergessen hatte, ihre Haube aufzusetzen. Sie ließ das Eisengitter offenstehen, ging noch einmal den Korridor zurück, schloß ihre Wohnungstür auf. Die Haube lag auf der Kommode im Flur. Sie setzte die Haube auf den Hinterkopf und befestigte sie mit zwei Klämmerchen seitlich über den Ohren.

Im Eßsaal saßen die alten Frauen schon auf ihren Plätzen und warteten. Sie setzte sich zu ihnen, die Oberin sprach das Tischgebet, und das Mittagessen begann.

RUDOLF R. FRAUENKNECHT

Werke oder Frucht?

Bleibet in mir, und ich in euch. Wie die Rebe nicht von sich aus Frucht tragen kann, wenn sie nicht am Weinstock bleibt, so auch ihr nicht, ihr bleibt in mir. Ich bin der Weinstock, und ihr seid die Reben. Wer in mir bleibt und ich in ihm, der trägt viel Frucht; denn ohne mich könnt ihr nichts tun.

(Joh 15,4–5)

Wer sich daran macht, eine zurückgelegte Lebensstrecke zu überdenken, der mag sich nach dem Erinnern vielfältiger Erfahrungen in Familie und Beruf schließlich in einer sinnerfüllenden Wegweisung wiederfinden. Anknüpfend an das alte Lied des Johannes Hus, *Jesus Christus nostra salus,* das auf die Früchte des Christenlebens verweist, könnte ich im Blick auf die Begegnung mit vielen Menschen sagen: Sich aneinander gelüsten lassen, „wie dein Gott an dir getan", das ist ein Schmekken und Sehen der Freundlichkeit des Herren (Ps 34,9). Ein anderes schenkt das Einssein mit Leib und Seele in der Ehe, erlebt als Teilhabe an der Schöpfung in Zeugung und Geburt. Diese Wegweisung schließt die beruflichen Aufgaben ein. Doch bewirkt die übliche Trennung von Arbeitswelt und Familie, daß über die Bedeutung solcher Weisung für die Lebensführung selten im Zusammenhang mit der beruflichen Arbeit gesprochen wird. Über diesen will ich nachdenken. Und im Älterwerden, nach Wachsen und Reifen stellt sich in neuer Weise die Frage nach dem Wohin?

Woher?

Wer sich in die Reihe der Vorfahren im Bekenntnis des Glaubens einfügt, der stößt im Auf und Ab der Geschlechter auf Schuld und Vergebung. Unbelastete Vergangenheit ist ein Trugbild. Bei solchem Rückblick vergegenwärtigt uns im unvermeidlichen Widerstreit der Generationen die Fragwürdigkeit des ersten Steinwurfes, auf die Jesus in Joh 8,7 verweist, die eigene Fehlbarkeit. Erscheint uns die Vergangenheit erbärmlich, so braucht es für die Zukunft desto mehr Erbarmen. Das Ringen um klare Orientierung schließt jedoch Auseinandersetzungen nicht aus. Unter Christenmenschen jedenfalls dürfen diese weder lieblos noch unwahrhaftig geführt werden. Die Bereitschaft zur Buße wie der Mut zum Dienen lassen Gegensätze nicht zu einem vernichtenden Streit ausarten. Kein Ding kann unter Hoffart, unter einer Überlegenheitshaltung bezüglich des eigenen, als unanfechtbar betrachteten Standpunktes gedeihen. Für das Geschehen im Gemeinwesen bildet das eigene Heim das Gerüst. Wird jenes Gerüst schief hochgezogen, dann ist Aufregung zu Hause nicht angebracht, weil es „draußen im Lande" auch ungerade verläuft. Wem aber Geborgenheit in der Familie geschenkt ist, dem erwächst die Kraft, daß er sich der Unruhe ungefestigter Zeiten zu stellen vermag. Das haben bei den industriellen Umbrüchen zu Anfang dieses Jahrhunderts – um ein Beispiel zu nennen – jene Pfarrer getan, die damals für ein Verbot der Kinderarbeit eintraten. Der Oberkirchenrat untersagte darauf die „Beteiligung Geistlicher an Plänen der Weltverbesserung".

Befestigung

Ort: In Aschaffenburg, an den Pforten des Spessarts, wacht das von den Erzbischöfen von Mainz zu Beginn des 17. Jahrhunderts errichtete Renaissanceschloß Johannisburg über der emsigen Stadt. Hier ging ich zur Schule. Hier wurde ich konfirmiert.

Geschichtszeit: Palmarum 1935 am 14. April. Ein im 14. Lebensjahre stehender Gymnasialschüler – vom freisinnigen Elternhause schon gegen allen Ungeist politisch empfindsam eingestimmt – wird in der Diaspora der Evangelisch-Lutherischen Kirche in Bayern konfirmiert. Die Hitlerjugend geht ersichtlich schon der Zusammenfassung der gesamten deutschen Jugend zur Staatsjugend entgegen, wie es das Gesetz vom 1. Dezember auch dann bestimmt hat. Unter solchen Vorzeichen wird die Einsegnung für den Schüler wesensgemäß zur Stärkung von der Taufe her und zum Herrenmahl hinführend.

„Ich bin der Weinstock, ihr seid die Reben.
Wer in mir bleibet und ich in ihm,
der bringt viel Frucht;
denn ohne mich könnet ihr nichts tun."

Das ist der Zuspruch, zeitbezogen erfahren; aufgenommen als bestimmend für das Verhalten vor der verordneten Erziehung „im Geiste des Nationalsozialismus", eine Befestigung über die gegenwärtige Zeit hin, die das Denken auf Grundlinien des Kleinen Katechismus ausrichtet. Da haben Eltern ihr Gelöbnis, einstehen zu wollen für ein Heranführen ihres am Epiphaniastage 1922 getauften Buben an das Leben eines Christenmenschen gehorsam eingelöst: Jesu Sache in Menschenhand!

Die folgenden zehn Jahre waren erfüllt von dem Erleben, wie Gräben zwischen Menschen sich zu Gräbern auftun, aber auch von den bildenden Begegnungen mit Persönlichkeiten des Lehrberufes und der universitas literarum.

Dienstjahre

Zwölf Jahre nach der Beendigung des Studiums der Rechte, das ich im Umfelde des Unrechts bewußt aufnahm – der Herr liebt das Recht und haßt den Rechtsbruch (Jes 61,8) –, begann das Berufsleben. Es führte mich in die für das europäische Wiederaufbauprogramm (ERP) verantwortliche oberste Bundesbehörde im linksrheinischen Bonn. Es vollendete sich an der Spitze der Bundesanwaltschaft beim Bundesverwaltungsgericht in Berlin (West): 33 Jahre auf dem Wege von einer Ordnung des Übergangs zum föderalen Verfassungsstaat. Der „Dienst am ganzen Volke", als den der Beamte sein Amt zu führen hat, bedeutet Schutz für die Bürger gegenüber der Macht. Dies geschieht jedoch nur, wenn die Macht im Gehorsam vor dem Recht wahrgenommen wird und wenn dieser Gehorsam vor dem Bruch des Rechtes nicht zurückweicht. Als „Staatsdiener" angetreten, ist mir der Dienst am Bürger als den Mitbürgern zunehmend deutlich geworden. Deren freie menschliche Persönlichkeit und ihre Würde hat alle staatliche Gewalt zu achten und zu schützen. Freilich mußte ich mich in solchem Amt auch fragen lassen, weshalb dennoch der einzelne sich vielfach so hilflos sieht.

Das Grundgesetz für die Bundesrepublik Deutschland legt dem Staat als Heimstatt aller Bürger ohne Ansehen der Person die weltanschaulich-geistige Unparteilichkeit auf. Die aus dieser Grundlage und Zielsetzung erwachsene Gesellschaft ist offen für alles etwa

Freiheitliche und Vernunftbegabte, Sittliche und Religiöse, Gleichheitsbedachte und Mitmenschliche, sofern es nicht auf Unumstößlichkeit pocht. Für den Gemeinsinn bedeutet es eine Gefahr, den Konsens nur auf dem kleinsten Nenner zu finden und darin dann den eigenen Sinn am ehesten ausgedrückt zu sehen, und die Gefahr ist keineswegs weit hergeholt.

So mag das Übergewicht des organisierten Interesses im Verfassungsstaat nicht zu verwundern. Heute versteht sich Haben und Besitz mehr und mehr von selbst. Wohlstand ist aber nicht als verdientes Werk, sondern als Gottes Leihgabe zu leben. Als solche verstanden, bedeutet er den Abstand von den Dingen dieser Welt, also im Sinne von 1 Kor 7,29–31 haben zu können, „als hätte man nicht". Oder mit einem Wort des französischen Schriftstellers Andre Gide (1869–1951): „Alles, was du nicht verteilen willst, das besitzt dich."

Das Menschenbild des Grundgesetzes ist die unverrückbare Abkehr von der Verirrung und dem Leid des deutschen Geschehens in den Jahren 1933–1945. Doch auch dies ist zu sehen: Die erstrebte Selbstverwirklichung darf die Augen nicht vor dem Abgrunde verschließen, der sich auftut, wenn der Mensch sich zu eigenem, höherem Ruhme vergreift und sich an Gottes Stelle bringt, wie die Geschichte des Turmbaus zu Babel uns lehrt (Gen 11,1–9). Wie etwa lautet dann die Antwort auf die Auseinandesetzungen um ungeborenes und um verlöschendes Leben oder um die immer weiter fortschreitende Forschung am Keimling?

Wie sehr oder wie wenig die Wegweisung göttlicher Satzung, deren der Mensch keine Stunde entraten kann, in der Wirklichkeit hervorleuchtet, ist denen anvertraut, welche der Zusage Gottes in der heiligen Taufe teihaftig geworden sind. Sie sind nach der Bergpredigt als Christen das Salz der Erde (Mt 5,13) und Träger der Hoffnung gegen alle Dunkelheit, Müdigkeit und Verzagtheit. Dazu aber ist „christlich", als „gesellschaftlich belangreich" verstanden, zu wenig und zudem irreführend. Im Lande der Reformation gilt das freie Geständnis, ob als Katholik oder als Protestant, immer noch dem Miteinander in der Wahrheit des Glaubens.

Eine „Menschen-würdige" Ordnung nach dem Grundgesetz Artikel 1, Absatz 1 ruft in seinen Eingangsworten Gott an und bekennt sich zu Freiheit und Frieden. Die „Jugend" der vier Mütter und 66 Väter des Grundgesetzes lag im Kaiserreich, ihr Scheitern in der Weimarer Republik und dem Großdeutschen Reich – auch hinsichtlich des Widerstehens und des Sichwidersetzens. Vor mehr als 40 Jahren mag die schmerzliche Erfahrung gebrannter Kinder Patin bei seiner Gestaltwerdung gestanden haben. Heute ist eine Verfassung Wirklichkeit, der um der Zukunft willen 16 Millionen Deutsche beigetreten sind, wo seinerzeit doch „mitzuwirken versagt" war. Es scheint mir allerdings, wir sollten aufmerksam darauf achten, daß die bundesrepublikanische Entwicklung zur Verfassungsliebe nicht unversehens beiseite geschoben wird, weil nun die Herstellung der Einheit Deutschlands die Rangordnung der Politik angeblich verändert habe.

In solcher Rückschau fließen Erzählzeit und erzählte Zeit, Lebenszeit und Geschichtszeit ineinander. Der Christ hat einen Auftrag, nämlich in allen Lebensbereichen mit den ihm zuteil gewordenen Gaben zu dienen als guter Haushalter der mannigfaltigen Gnade Gottes (1 Petr 4,10). Das Gleichnis von dem Bettler und dem Reichen redet nicht einer Fluchthilfe ins Jenseits, sondern der Bewährungshilfe im Diesseits das Wort. Ich möchte nicht der tote Fisch, mitgetrieben vom Strome, sondern der lebendige sein, der gegen den Strom zu schwimmen vermag. Ganz entscheidend dafür ist es, gleichermaßen sich der Bürgergemeinde wie der Christengemeinde zugehörig zu wissen, um im Bilde des schweizerischen reformierten Theologen Karl Barth zu bleiben, das er vor einem halben Jahrhundert geprägt hat. In beiden Räumen unserer Existenz bewußt zu Hause, verharrt mein Denken nicht beim Zweifel, sondern reift zum Danke – nämlich als Gottes Gegenüber zu seinem Statthalter berufen zu sein, wie der Schöpfungsbericht es ansagt. Das ist einiges mehr, als was gemeinhin unter gesellschaftlichem Einsatz verstanden wird. Da muß man durchatmen können angesichts der österlichen Wirklichkeit, auch noch über den Tod hinaus. Der evangelische Theologe Dietrich Bonhoeffer, Blutzeuge seines Glaubens (1945), sagt es unbekümmert:

„Mag sein,
daß der Jüngste Tag morgen anbricht.
Dann wollen wir gern
die Arbeit für eine bessere Zukunft
aus der Hand legen,
vorher aber nicht."

Wohin?

Wer hätte noch nicht beobachtet, daß die Werke desto mehr verblassen, je älter man wird? Man hat darum gerungen, unter Anstrengungen oft das Wollen mit dem Tun zusammenzubringen, und dabei geschah es auch, daß man sich verkrampft, die Zeit geht darüber hinweg. Wer denn gar meint, seine Erfahrungen ungefragt anbieten zu müssen – sind sie wirklich so sehr beachtenswert? –, der verwechselt behutsamen Rat mit Aufdringlichkeit, die lästig wird, und errichtet um sich einen Wall von Verbitterung. Der ältere Mensch mag sich noch als Tatmenschen sehen; doch er bedarf unablässiger Selbstbestätigung und wird dadurch für seine Umgebung zunehmend ungenießbar. Es ist allein die Fülle von Gutem, aus Gottes Geist erwachsen, was zählt – Liebe, Friede, Langmut, Gütigkeit, Treue, Gerechtigkeit, Wahrheit –, wenn Zuversicht sein soll, am Tage, da Jesus Christus alles das wieder zurechtbringen wird (1 Joh 2,28; und 17), ehe es verdorben ist. Jede Lebenssaat hat die ihr eigene Ernte: entweder wird sie am Ende umgehauen und ins Feuer geworfen, oder Christus bringt in mir und ich in ihm in der Nachfolge, im Lebensverlauf reiche Frucht. Es ist nicht mein eigener Entwurf (Gal 2,20: Christus lebt in mir). Ein Vers des bekannten Paul-Gerhardt-Liedes, das die vielfältige Natur um uns beschreibt, bringt dies zum Ausdruck:

„Mach in mir deinem Geiste Raum,
Daß ich dir werd' ein guter Baum,
und laß mich Wurzel treiben!"

Kein Lebensweg verläuft unverletzt und ohne zu verletzen. Verhaltensschwächen mögen seelenkundlich erklärbar sein; aber sind sie aus eigener Kraft zu bewältigen? Sünde als Absonderung von Gott versperrt den Weg; um die Fron oder Freiheit der Lebensrichtung in Werken und Frucht, in Leistung und in dem in der Zeit Gewachsenem zu erkennen, es ist der Teufel, dieser „Affe Gottes", der in gemeinem Zorn zur fieberhaften Eile treibt (Offb 12,12). Gottes Grimm über unsere ganze Verkehrtheit, an die uns Psalm 90,11 gemahnt, darf nicht billig beiseite geschoben werden.

Leben – auf Vorteil bedacht – zielt auf Erfolg im Machbaren, auf die vorzeigbaren Werke. Vorbilder schlagen dann jedoch unter vermeintlichen Sachzwängen rasch ins Gegenteil um. Des Schriftstellers, Dichters und Regisseurs Bertolt Brecht „Guter Mensch von Sezuan" scheut zuletzt nicht vor Gewalt zurück, um Menschen zu dem zu zwingen, was aus seiner Sicht gut ist. Wer hätte noch nicht den Selbstverlust erfahren, schließlich gerade das zu tun, was er selbst als böse verabscheut? (Röm 7,15–15). Im Zweifel trifft es Menschen um uns, denen man aus Eigenliebe nicht gerecht wird. Leben – in der Bereitschaft zur Umkehr – öffnet sich für das Reifen der Frucht, die der Zeit bedarf, um zu wachsen: „Ohne mich könnt ihr nichts tun." Heißt das denn: „Gott mit uns!" in allem? O nein! Gute Frucht ist nicht Menschenwerk, sondern gewirkt von der Güte Gottes. Widerstand gegen die Abkehr von ihm ist nicht eine Frage menschlicher Willensstärke, sondern vielmehr die Übermacht der Gnade gegenüber der Macht der Sünder (so D. Martin Luther in der Erklärung zum dritten Glaubensartikel im zweiten Hauptstück des Kleinen Katechismus).

Der elterliche Konfirmationssegen als Begleitung über 56 Jahre ist und bleibt die Brücke über die Zeiten. Es ist der zweite Vers im Lob- und Dankliede, von Martin Rinckart, dem Diakon von Eulenburg, nach dem Buch Jesus Sirach 50, 24–26 verfaßt, der leidvollen Verheerung des Dreißigjährigen Krieges zum Trotz, der dies zum Ausdruck bringt:

„Er ewigreiche Gott woll uns in unserm Leben
ein immer fröhlich Herz und edlen Frieden geben
und uns in seiner Gnad' erhalten fort und fort
und uns aus aller Not erlösen hier und dort!"

Es ist mein Gebet für alle, die mir Gott in seiner Güte an die Seite gestellt hat, und zugleich für alle, in denen er mich in seiner Strenge geprüft hat: Dank und Vergebung.

IV. Abschied

Laß, höchster Gott, mich doch nicht auf dem Laufplatz gleiten,
Laß mich nicht Ach, nicht Pracht, nicht Lust, nicht Angst verleiten,
Dein ewig heller Glanz sei vor und neben mir.
Laß, wenn der müde Leib entschläft, die Seele wachen,
Und wenn der letzte Tag wird mit mir Abschied machen,
So reiß mich aus dem Tal der Finsternis zu Dir!

ANDREAS GRYPHIUS
(Aus: Das Leben)

ULRIKE SUHR

Eure Alten werden Träume haben

Alter als Zeit der Träume und Visionen

> *„Danach werde ich meinen Geist ausschütten*
> *auf alles Fleisch,*
> *Eure Söhne und eure Töchter werden Propheten sein,*
> *Eure Alten werden Träume haben.*
> *Eure jungen Männer werden Visionen schauen.*
> *Auch über die Sklaven und über die Sklavinnen*
> *werde ich in jenen Tagen meinen Geist ausschütten."*
> (Joel 3,1–2)

Im Buch des Propheten Joel wird hier die Ausschüttung des Geistes Gottes über alles Volk angesagt.

Diese Verse kündigen in einem sehr nüchternen Ton an, was „danach" geschehen wird, und doch entwerfen sie ein radikal neues Bild der menschlichen Gemeinschaft. In die Vision der Geistausgießung ist die Kritik an den herrschenden Verhältnissen eingezeichnet. Töchter werden ebenso den Geist empfangen wie die Söhne, die Skalvinnen sind so ausdrücklich benannt wie die Sklaven, Frauen und Männer werden entgegen der gesellschaftlichen Wirklichkeit im Geistempfang gleich. Diese Gleichheit gilt auch für die Freien und die Unfreien, denn auch den Sklavinnen und Sklaven wird die „rückhaltlose Selbstoffenbarung Gottes" zuteil. (H. W. Wolff, Biblischer Kommentar: Joel, Neukirchen 1969).

Und schließlich stellt diese Ankündigung unsere Vorstellungen von den Zuständigkeiten der Generationen in Frage. Daß die Jungen als Visionäre angesprochen werden, mag ja noch angehen, daß sie prophetische Aufgaben übernehmen, ist schon schwerer vorstellbar.

Noch ungewöhnlicher jedoch ist die Ankündigung, daß die Alten Träume haben werden. Unseren Vorstellungen nach sind die Alten für die Erinnerung zuständig, nicht für die Träume von Zukunft. Sie sind Zeugen des Vergangenen, nicht jedoch Vorboten des Kommenden. Das Gestern ist ihre zeitliche Dimension, vielleicht noch das Heute, kaum jedoch das Morgen.

„Eure Alten werden Träume haben" – nehmen wir diesen Satz ernst. Wie wäre es, wenn wir den alten Menschen die Kraft zur Veränderung wirklich zutrauen würden, wenn wir sie nicht nur behaften würden bei dem, was einmal war, sondern sie in Anspruch nehmen für das, was werden soll? Wie würde das unsere eigene Fähigkeit zum Träumen, zum Entwerfen von Zukunft, zur Hoffnung verändern? Und wo ist uns das schon einmal begegnet, ein alter Mensch, der uns in seine Träume hineingenommen hat, der uns hat teilnehmen lassen an seinem auf das eigene Leben oder auf das Gesicht der Welt bezogenen Zukunftsentwurf?

Ich möchte von einer solchen Begegnung erzählen, der Begegnung mit einer Frau, die auch im Alter eine Träumende war, voller Phantasie, voller Wünsche an das Leben und die Veränderung der Welt und zugleich mit einem klaren Blick für gesellschaftliche Wirklichkeit. Eine Frau, die ihr Älterwerden, ihr Altsein und die Nähe zum Tod immer wieder bedacht hat und zugleich Gesprächspartnerin war für die Jungen. Es ist die literarische Begegnung mit der Schriftstellerin Marie Luise Kaschnitz. Ich habe sie persönlich nicht kennengelernt, in ihrem Werk aber ist sie mir zu einer Lebens-Lehrerin geworden.

Sie gehört der Generation meiner Großeltern an, ist 1901, also noch im Kaiserreich, geboren, erlebt den Ersten Weltkrieg als Kind, den Zweiten als erwachsene Frau und Mutter einer Tochter, verliert mit 57 Jahren ihren Mann, den Archäologen Guido von Kaschnitz-Weinberg, der an einem Gehirntumor stirbt, hat nach seinem Tod und nach einer Zeit des Schweigens noch einmal eine literarisch äußerst produktive Zeit und stirbt 1974 bei einem Besuch in Rom.

Auch wenn sie schon als junge Frau begonnen hat zu schreiben, ihre eigene, unverwechselbare Sprache hat sie doch erst zu einer späteren Zeit gefunden, und deshalb höre ich in ihrem Werk vor allem die Stimme einer älteren Frau, die aus ihrem Leben erzählt, Lebenserfahrungen verdichtet, gestaltet, reflektiert und Leben schreibend neu entwirft.

„Eure Alten werden Träume haben" – das ist für Marie Luise Kaschnitz nicht nur Vision, sondern schon Wirklichkeit. Alte Menschen *sind* Träumende. Diese Wahrnehmung schließt jedoch die Ambivalenz von Träumen ein, meint die bedrängenden Angstträume ebenso wie die hoffnungsvollen Zukunftsentwürfe.

Gedanken über alte Menschen als Träumende finden sich in den autobiographischen Aufzeichnungen „Wohin denn ich", entstanden nach dem Tod ihres Mannes. Zurückgeworfen auf sich selbst, bedenkt sie ihr eigenes Leben und Älterwerden und schreibt:

„. . . unter den Alten sind die Träumer wahrscheinlich häufiger als die Erinnerer, mit all ihrer Einbildungskraft stellen sie sich selbst wieder her, jung, gesund und liebeskräftig, aber die Objekte ihrer Traumneigungen sind neue – und schöner, als es sie je gegeben hat und je geben wird. Die Wanderfreiheit der alten Gedanken wird nicht genug gerühmt . . ." (Wohin denn ich, Gesammelte Werke, Frankfurt 1982ff. Bd. 2, S. 484).

Die Träume der Alten beziehen sich auf sie selbst. Das ist die erste Beschreibung, die M. L. Kaschnitz formuliert. Sich selbst träumen sie wieder jung, für sich selbst erträumen sie eine Zukunft, die Leben verspricht.

Diese Träume sind Inhalt einer ihrer Kurzgeschichten mit dem Titel „Die späten Abenteuer". Der alte Herr Seume zieht nach Rom, um dort seinen „Lebensabend" zu verbringen. Auch wenn er krank ist und schon bald von seinem Arzt auf Diät gesetzt wird, streng bewacht von seinem Diener Roberto, so gibt es doch noch ein verborgenes Erlebnis, die Bekanntschaft mit der jungen Caterina, die ihn in einem Gartenlokal bedient, die Spiele mit ihrem kleinen Sohn, den verbotenen Wein und das verbotene kräftige Essen.

All dies geschieht heimlich, heimlich entwickelt der Alte schließlich auch den Plan, mit Caterina und dem Kind eine Reise zu den griechischen Inseln zu machen. Bei dem Versuch, Fahrkarten zu besorgen, erleidet er einen Schwächeanfall. Um ein nochmaliges Ausgehen des zunehmend verwirrten alten Mannes zu verhindern, schließt sein Diener den Kleiderschrank ab und versteckt den Hausschlüssel. Ein letztes Mal jedoch gelingt es Herrn Seume, seine Wohnung zu verlassen, in einem alten Mantel über seinem Schlafanzug, ohne Geld und ohne einen Orientierungssinn. Schließlich gelangt er zum Petersdom.

„Er wollte nicht in die Kirche, mußte auch nicht, er konnte sich ganz langsam hinfallen lassen, auf die Knie, auf die Hände, auf die Stirn. Er konnte sich auf den königlichen Stufen von St. Peter ausstrecken und ruhen, bis er aufgehoben und fortgetragen wurde, ein fremder Bettler und tot" (GW 4, 1983, S. 363).

Welche Träume hat dieser alte Mann? Er träumt von einem Leben, das nicht reduziert und nicht eingeengt ist durch Vorschriften. Er will teilhaben am Leben und an einer Leichtigkeit, die er in früheren Jahren nie erlebt hat. Er will eine Reise machen mit der Frau, die ihn wie eine Tochter versorgt, und mit ihrem kleinen Sohn, „mit dem er phantastische Späße trieb, wie er es mit den eigenen Enkel nie getan hatte – erst der Unvernunft des hohen Alters gelingt es, den größeren Bogen zu schlagen" (GW 3, S. 357). Mit der „Unvernunft des hohen Alters" erträumt sich der alte Herr die Würde und die Weite des Lebens, die ihm in der Wirklichkeit immer mehr abgesprochen wird.

Ich verstehe diese Geschichte als eine literarische Konkretion der Joel-Vision. Sie ist keine moralische Geschichte, die den Jüngeren, den „Vernünftigen", die Reduktion des Lebens der Alten anlastet und ihnen ein anderes Verhalten anempfiehlt. Der Zauber dieser Erzählung liegt in dem versöhnlichen Ton. Der alte Mann wird am Ende seines Lebens noch einmal mit sich selbst versöhnt, er nimmt, wenn auch heimlich, noch einmal an der Fülle des Lebens teil, und auch sein Tod hat etwas Barmherziges:

„... er konnte sich ganz langsam hinfallen lassen ... Er konnte sich ... ausstrecken und ruhen ..."

Diese Geschichte lädt uns ein, den Träumen der Alten zuzuhören, weil sie das Leben weit machen und uns Teilhabe gewähren an dem „größeren Bogen" des Lebens. Sie lädt uns ein, aufmerksam zu werden auf die verborgenen Wünsche alter Menschen, auf eine Leichtigkeit und Phantasie, die wir ihnen vielleicht gar nicht zutrauen.

„Eure Alten werden Träume haben" – mein Großvater hat im Alter von über 90 Jahren noch davon gesprochen, daß er einmal zu einem Gottesdienst kommen wolle, den ich als „fertige" Pastorin halten würde. Und im nachhinein weiß ich, es war nicht wichtig, ob dies denn nun realistisch gewesen ist – wichtig war vor allem dieses Ziel, erwachsen aus der „Wanderfreiheit der alten Gedanken". Er hat mit diesem Wunsch sein Leben weiter gemacht, als es den objektiven Möglichkeiten nach war, er hat gegen seine Krankheit und Schwäche eine andere Wirklichkeit behauptet, mit Würde und Stolz.

Aber so wie M. L. Kaschnitz auf diese oft vergessene Dimension der Träume des Alten aufmerksam macht, so spricht sie auch von den Beschwernissen des Alters.

Die Träume des Alters haben, so beschreibt es die Schriftstellerin, mitunter auch beängstigende und bedrohliche Dimensionen. Sie schreibt von den Angstträumen des beginnenden Alters, die Übertreibungen bereits vorhandener körperlicher Schwächen oder geistiger Verwirrungen sind, das Vergessen von Namen, das Nichtfesthalten-Können von Gegenständen, die körperliche Behinderung des nicht mehr Laufenkönnens:

„Träume von Flucht und Verfolgung, alle anderen Menschen springen in großen Sätzen, retten sich, sind verschwunden, nur den Behinderten trifft die Garbe der Maschinenpistole ..." (Tage, Tage, Jahre, GW 3, S. 36 f.).

Das, was die Jungen ja schon kennen, die Alpträume des Ausgeliefertseins und der Hilflosigkeit, verstärkt sich im Alter durch die reale Erfahrung der eingeschränkten Möglichkeiten und Fähigkeiten. M. L. Kaschnitz beschreibt nicht die Menschen, mit denen eine Verständigung kaum noch möglich ist, weil der Grad der Verwirrtheit so groß ist, sie beschreibt das Alltägliche, die zunehmende Ängstlichkeit, die Erfahrung, daß das Harmlose bedrohlich werden kann.

„Eure Alten werden Träume haben", und das werden auch Angstträume sein, Träume, in denen sich das Erlebnis alltäglicher Einschränkungen ausdrückt.

M. L. Kaschnitz spricht hier von der erschreckenden Seite des Alters, erschreckend auch für mich. Natürlich ist es mir nicht verborgen, daß das Altwerden mit deutlichen Begrenzungen von Vitalität, Beweglichkeit und Energie verbunden ist, aber es bedeutet einen zusätzlichen Schritt, mir bewußtzumachen, daß in diesem Aspekt des Alterns mir auch meine eigene Zukunft begegnet.

Und dennoch, es ist wichtig, daß diese Erfahrungen, diese Angstträume zur Sprache kommen, und für uns Jüngere ist es wichtig, darauf zu hören.

„Die finnischen Schneehüttenlieder haben nur ein Thema, die Entmachtung des Menschen durch das Alter, den Fischer, der nicht mehr aufs Meer hinausfahren, den Jäger, der die schwere Büchse nicht mehr ruhig halten kann" (Wohin denn ich, GW 2, S. 485).

In den Texten der Schriftstellerin entdecke ich etwas über die Aufgaben, die das Älterwerden den Menschen aufgeben. Dazu gehört, die zunehmende „Entmachtung" durch das Alter nicht zu leugnen, sich aber dieser Entmachtung auch nicht gänzlich auszuliefern.

Und welches ist dann die Aufgabe von uns Jüngeren? Zunächst einmal, auf die Stimme der Älteren zu hören, auch auf ihre Ängste, ihre Suche nach neuer Orientierung. Erst wenn wir darauf hören, können auch die hoffnungsvollen Träume Raum gewinnen.

Und ich finde bei M. L. Kaschnitz noch etwas anderes, die Neugierde auf „das gelobte Land". Die Träume des Alters beziehen sich, das machen ihre Texte deutlich, nicht nur auf das persönliche Leben, und es sind nicht nur Angstträume. Es geht ihr auch um die Zukunft der Welt:

„Was wollen wir wissen
Noch wissen?

Nichts was uns selbst angeht
Auch
Nichts von drüben

Nur ob Frieden sein wird
Gerechtigkeit
Eines Tages
Hier.“
(Vulnerable, GW 5, S. 511 f.)

„Lebensabend“ bedeutet für sie nicht den Rückzug von der Welt und die Hinwendung zu den Schätzen der Kultur, bedeutet nicht das Eintauschen der Zeitung gegen die alten Bücher, auch, wenn sie sich manchmal danach sehnt. Aber die Frage, ob Frieden sein wird und Gerechtigkeit, läßt sie nicht los, und sie spürt die Neugierde eines Menschen, „der jeden Tag auf einen Berg steigen möchte, damit ihm dort endlich das gelobte Land erscheint“ (Aus dem Nachlaß, GW 3, S. 847).

Hier, wo sie ihre Ruhelosigkeit und ihre Anteilnahme am Geschehen in der Welt bekundet, wo sie als Zeitgenossin wahrgenommen werden will, ist sie am deutlichsten Gesprächspartnerin der Jüngeren:

„Ich werde geschont, wahrscheinlich, weil ich alt bin, sogar, wie es zu meinem Ärger gelegentlich heißt, eine grand old lady der Literatur. In den Interviews stellt man mir keine Fragen, die meine politischen Ansichten betreffen, mein Engagement, meine Progressivität. Niemand will wissen, ob ich es mit den Roten Zellen halte oder mit dem Papst ... Die Frage, ob ich ein auf der Flucht befindliches Mitglied der Baader-Meinhof-Gruppe in meiner Wohnung versteckt hätte, ist mir nie gestellt worden. Statt dessen soll ich von Rom erzählen und davon, wie es kommt, daß ich, aus der Tradition hervorgegangen und sie niemals verleugnend, die heute jungen Menschen noch immer erreiche. Es versteht sich, daß solche Interviews langweilig ausfallen und daß ich nachgerade selbst den Wunsch habe, Farbe zu bekennen. Denn ich habe doch allerhand zu sagen, und zwar gerade vom Standpunkt einer siebzigjährigen Bürgerin aus" (Aus dem Nachlaß, GW 3, S. 821 f.)

Auch hier findet eine „Entmachtung" statt. Sie, die „alte Dame" der Literatur, ist aus dem Blickwinkel der Öffentlichkeit für die Tradition zuständig, nicht für die brisanten Fragen des Zeitgeschehens. Mit dieser Abtrennung von Lebensbereichen ist sie nicht zufrieden, sondern klagt ihre Zeitgenossenschaft und Teilnahme am politischen Alltag ein. Hier wird etwas von den wirklichen Veränderungen deutlich, die in der Joelvision anklingen. „Eure Alten werden Träume haben", eure Alten werden Zukunft ansagen, sie werden die Kraft für Visionen haben, auch wenn ihr sie aus dem Zeitgeschehen fernhalten wollt. Sprecht ihnen die Sehnsucht nach dem gelobten Land, nach einer gerechteren Welt nicht ab. Auch sie sind Zeitgenossen, auch sie nehmen die Gegenwart wahr und haben Wünsche für die Zukunft.

„Eure Alten werden Träume haben." M. L. Kaschnitz hat für mich konkretisiert, was dieser Satz heißen kann. Sie spricht von der Vielfalt der Träume des Alters, von den Träumen für das eigene Leben, von den Träumen der Angst und der Sehnsucht nach einer gerechten Welt. Träume zu haben bedeutet, das Leben zu öffnen für das, was noch aussteht, für das Glück, die Versöhnung mit sich selbst, eine menschliche Zukunft für diese Erde. Diese Offenheit ist es in besonderer Weise, die mich bei dem „Alterswerk" dieser Schriftstellerin anspricht. M. L. Kaschnitz spricht zu uns als eine Frau, die viel erlebt hat und die zum Ende ihres Lebens hin sich immer noch öffnet für neue Erfahrungen und neue Deutungen des Lebens. Damit nimmt sie uns hinein in neue Möglichkeiten für uns selbst, ermutigt auch uns, Träumen Raum zu geben. Daß wir Menschen, Alte und Junge, diese Offenheit erlangen, den Mut zur Sehnsucht haben, uns eingestehen, nicht fertig zu sein mit dem, was Leben bedeuten kann, all das ist nicht selbstverständlich.

Die Joelvision sagt uns, daß die Träume ein Geschenk Gottes sind, Zeichen seines Geistes, Lebenskraft für die Menschen. Diese Gabe Gottes wünsche ich den Alten, und ich wünsche sie mir, um alt zu werden.

DOROTHEE SÖLLE

Gedanken zum Tod meiner Mutter

„Wenn der Herr die Gefangenen Zions erlösen wird, werden wir sein wie die Träumenden!"
(Ps 126,1)

Vor zwei Jahren ist meine Mutter gestorben, sie war in diesem Sommer 87 Jahre alt geworden. Mehr als ein Jahr lag es zurück, daß sie nach einem Herz- und Kreislaufversagen in der Intensivstation künstlich beatmet wurde. Damals stand ich lange Stunden an ihrem Bett und konnte nicht mehr tun, als ihre Hand halten. Auf Fragen wie „Tut es weh? Kennst du mich?" reagierte sie mit Kopfnicken und Schütteln. Als sie wieder bei sich war, hatte sie Sorge, geistig beschädigt zu sein. Der lateinische Vers „arma virumque canto . . ." fiel ihr ein, und sie suchte eine Weile in ihrem Kopf, bis sie wieder wußte, daß es der Anfang der Äneis von Vergil ist. Auch Eumaios fiel ihr ein, und es erheiterte sie, uns mitzuteilen, daß dies der göttliche Schweinehirt aus der Odyssee war.

Als sie nach Hause entlassen wurde, reduzierte sich der Horizont ihres Lebens Schritt für Schritt. Sie durfte nicht mehr ausgehen. Das quittierte sie mit „ich bin eingesperrt". Am Telefon erzählte sie mir von den Konzerten, Einladungen und Vorträgen, an denen sie nicht mehr teilnehmen konnte.

In diesem letzten Jahr, von dem ich nicht zu entscheiden wage, ob es ein Segen oder ein Fluch der Medizintechnologie war, wünschte sie sich immer mehr den

Tod. Sie erzählte Anekdoten, darunter auch die Anekdote von Goethes Mutter, die – zu einer Gesellschaft eingeladen – einen Dienstboten zu den Gastgebern mit der Mitteilung schickte: „Die Frau Rat kann leider nicht kommen, sie hat sich soeben zum Sterben gelegt." Oder von Hindenburg, der auf dem Sterbebett seinen Arzt, Dr. Sauerbruch, fragte: „Herr Professor, ist Freund Hein schon im Zimmer?" Er erhielt von ihm die Antwort: „Nein, Exzellenz, aber er steht vor der Tür." Meine Mutter fragte ihren Arzt, ob es sich schneller stürbe, wenn sie keine Medikamente mehr nähme. Er verneinte, es sei nur schmerzhafter. Mir erzählte sie von einer alten Freundin, einer gut katholischen Ärztin, die von Patienten oft um Mittel angegangen wurde, die das Sterben beschleunigen. Am Telefon sagte sie oft mit munterer Stimme auf meine Frage, wie es ihr gehe: „Ach, ich sterbe so vor mich hin". Aber der Weg war noch sehr viel länger.

In den letzten Monaten konnte sie zu den gemeinsamen Mahlzeiten nicht mehr herunterkommen. In dieser Zeit ließ auch ihre Mitteilungsfreude nach. Wenn ich sie fragte, was sie denn läse, waren ihre Buchberichte dünner. Manchmal wurden ihr sogar die Telefongespräche zuviel, sie wehrte sie mit einem freundlichen Gruß ab: „Ab liebsten schliefe ich abends ein, ohne aufzuwachen", sagte sie. Oder sie zitierte den Vers: „Ich habe nun genug gelebt, es muß alsdann gestorben sein." Ihr Zustand verschlechterte sich, als ich mit einer größeren Arbeit befaßt und dazu verreist war, in ein Ferienhaus in Italien. Wir fuhren morgens und abends eine längere Strecke, um per Telefon die immer schlechter werdenden Nachrichten zu hören. Mir lag sehr an meiner guten Arbeitszeit, aber ich fand nachts keine Ruhe. Drei Nächte hintereinander träumte ich den gleichen Traum. Ich sah meine Mutter im Bett liegen und um Hilfe rufen, konnte aber kein Glied rühren und, schlimmer, ich wußte nichts zu beten. Ich sah ihren Kampf und hatte kein Wort, keine Geste für sie. Dieser Zustand schien im Traum Stunden anzudauern. Dann war ich im Garten und traf meine Mutter in ihrem weißen Küchenkittel. Auf meine Frage, wie es ihr gehe, sagte sie: „Jetzt wieder gut." Sie sah jünger aus und war nicht bis zum Skelett abgemagert. Ich wachte auf, erleichtert. Erst als mir dasselbe ein drittes Mal im Traum begegnete, fiel mir auf, daß der weiße Kittel wohl nicht nur das Arbeitskleid war; ich dachte an das weiße Kleid, das in der Bibel den Erlösten versprochen ist, und wunderte mich, daß ich es nicht gleich verstanden hatte, ein Zeichen des Friedens.

Danach entschloß ich mich – auf einmal leichten Herzens – den Urlaub abzubrechen und zu meiner Mutter nach K. zu fahren, auch wenn es unsicher schien, daß ich sie noch lebend anträfe. Ich war dann die letzten acht Tage und neun Nächte bei ihr. Zunächst erkannte sie mich nicht, hielt aber meine beiden Hände mit ihren knochendürren Händen fest. Manchmal gestikulierte sie und stöhnte, oder sie rief laut, nach ‚Mama', ‚Papa', nach Straßburg, der Stadt ihrer Kindheit, auch nach ihren Enkeln, meinen Kindern. Als ich bei ihr stand, redete ich zu ihr, was mir in den Sinn kam. „Es dauert nicht mehr lange. Es ist ein dunkler Tunnel, da mußt du durch, dahinter ist es hell. Fürchte dich nicht! Ich bleibe jetzt bei dir. Der Tunnel ist schrecklich, er ist zu eng, aber dann ist es weit und licht." Dabei dachte ich daran, wie oft meine Mutter, die fünf Kinder geboren hat, den Tod mit den Mühen und Schmerzen der Geburt verglich – ein Gedanke, an dem sie sich festhielt.

Ich wußte nicht, ob meine Mutter irgend etwas von diesen Worten aufnahm. Sicher beruhigte sie die Berührung und meine halblaute, aber feste Stimme. Dann fiel mir ein zu singen, weil die Worte nicht trugen. Ich sang „Befiehl du deine Wege", ein Kirchenlied, das sie gern hatte und das ihr eine meiner Töchter zum 80. Geburtstag aufgesagt hatte. Ich sang, was ich auswendig kannte, drei oder vier Strophen. Ich fügte dann andere Lieder an, auch liturgische Rufe wie die aus Taizé stammende Litanei „Laudate omnes gentes, laudate dominum". Wenn ich nicht weiterwußte, summte ich die Melodie noch einmal, laut und deutlich. Sie wurde dann ruhiger und schlief ein.

In den folgenden Nächten und Tagen habe ich viele Stunden lang gesungen. Ich besorgte mir ein Gesangbuch und las die Strophen nach, die mir fehlten. Ich entdeckte, daß fast alle Lieder das Sterben einbeziehen, auch wenn sie vom anbrechenden Morgen oder den ruhenden Wäldern am Abend handeln. Bei dem Vers: „Der Leib eilt nun zur Ruhe / legt ab das Kleid, die Schuhe, / das Bild der Sterblichkeit", nickte meine Mutter und streckte ihre Füße. Ich wußte nicht, wie weit sie die Fortsetzung mithörte: „die zieh ich aus, dagegen / wird Christus mir anlegen / den Rock der Ehr und Herrlichkeit". Mein Traum vom anderen Kleid kam mir in den Sinn. Alles, was ich sang, schien mir in Beziehung zu ihr zu stehen. Ihre Füße waren blau und geschwollen, aber Paul Gerhardt wußte mehr als dies über die Füße meiner Mutter zu sagen. „Der Wolken, Luft und Winden / gibt Wege, Lauf und Bahn, / der wird auch Wege finden, / da dein Fuß gehen kann." Das Wort ‚Luft' hörte sie, die so oft nach Luft schrie, genau. Viel deutlicher als meine Prosaworte war die Sprache der Lieder, die oft mit Erinnerungen an andere verbunden waren. So sang ich auch das sentimentale Lied „So nimm denn meine Hände" in Erinnerung an meine Patin, die Diakonisse in Bethel war. Sie ist vor über fünfzig Jahren gestorben. Sie war die erste Tote, die ich als Kind bewußt sah. Der Vers

„In dein Erbarmen hülle / mich gänzlich ein" rief uns – oder nur mir? Wer will das wissen – die große Decke des Abends, der Nacht und des Todes vor Augen. Ich lud die Toten, die meine Mutter geliebt hat, ein dazusein, und mit ihnen die Vergangenheit. Ich sang auch „Guter Mond, du gehst so stille durch die Abendwolken hin", ein Lied, das sie noch ihrem Urenkel sang wegen des zärtlichen Verses „Leuchte freundlich / den Betrübten / in das stille Kämmerlein". Meine Mutter war ein Kind des 19. Jahrhunderts, obwohl Freunde sie manchmal als eine Dame des 18. Jahrhunderts titulierten. Ihr Verhältnis zu Kirche und Frömmigkeit war eher formal, in den letzten Jahren wohl kühl. „Das weiß man nicht", war eine Formel, mit der sie Religion und Glauben abwehrte. Es hat mich erstaunt, wie oft sie in diesem fast vier Wochen währenden Todeskampf die Hände gefaltet hat, ganz fest. Als wäre das Schreien nicht genug.

Hin und wieder habe ich auch einen Psalm gesprochen, den 23. und den 126. Psalm vor allem. Aber es schien mir fast, als ob die Fremdsprache lateinischer Gebetsrufe näher an sie herankamen. Während der Zeit des Singens hatte ich ein Gefühl der Verbundenheit, als sei sie's so zufrieden. Es war nicht so, als täte ich etwas „für sie", sondern als wären wir zusammen und gingen miteinander auf etwas zu, das größer ist als wir. Meine alte theologisch begründete Überzeugung, daß Liebe ohne Gegenseitigkeit, ohne Geben und Nehmen von beiden Seiten, nicht möglich ist, daß auch Gott uns nichts „geben" kann, wenn wir nicht Träger und Geber eben der Kraft Gottes werden, hat sich in diesen Nächten am Sterbebett gefestigt. Das Singen und Beten, wie es in der dörflich-katholischen Kultur noch lebendig ist, ist eine Hilfe im Übergang für die im Sterben Begriffenen wie für die sie Begleitenden. „Swing low, sweet charriot", habe ich für die Mutter wie für mich selber gesungen, „coming to carry me home.“ Ich sang, als stünden wir alle vor dem Jordan, dort, wo Christus den alten finsteren Fährmann Charon abgelöst hat.

Der Arzt und verschiedene Familienmitglieder hatten den Tod schon oft vorausgesagt. Und wie sehr hatte sie ihn selber gewünscht! Aber die Lebensenergie war stärker als das Bewußtsein. Sie wollte immer noch viel: sich aufrichten, mehr Luft haben, herumgedreht werden, trinken. Einen ganzen Tag lang rief sie „Drehen!“ in klagendem, forderndem, beschwörendem Ton, als seien diese Wörter – ‚Hilfe‘, ‚Mama‘, ‚Drehen‘, ‚Raus‘ – auf verschiedene Tage zwar verteilt, alle auf das gleiche Ziel gerichtet. Oft entfernte sie sich noch weiter von der Sprache, antwortete nur mit Kopfnicken oder Schütteln. Die Bewegungen der Arme und Hände waren kleiner geworden. Am ersten Abend hatte ich den Vers „Wenn ich einmal soll scheiden“ kaum zu Ende bringen können, weil mir die Tränen kamen. Am letzten Abend sang ich es ruhig, und bei der folgenden Strophe „Erscheine mir zum Bilde / zum Trost in meinem Tod“ dachte ich an die vielen verschiedenen Bilder, die beim Sterben auftauchen, aus der Kindheit, aus der Angst, verlassen zu werden. Die Namen der Enkelinnen und Enkel kamen meiner Mutter öfter als die der eigenen Kinder über die Lippen.

Sollen wir uns an Bildern – wie das vom Tunnel mit dem Licht dahinter – festhalten? Brauchen wir, die passiv Sterbenden, die Bilder oder brauchen die, die den Tod suchen, sie? Wenn der Tod der bilderlose Zustand schlechthin ist, frage ich: ist es dann möglich, ihn mit den Bildern auszustatten und ihn auf diese Weise „zu humanisieren“? Kann der Tod kommen als „Freund, und komme nicht zu strafen“? – wie es bei Matthias Claudius, in der Vertonung von Schubert heißt.

Das letzte Lied, das ich sang, war „Herr, erbarme dich“. Meine Mutter atmete seit längerem zum ersten

Mal wieder stetig, wenn auch kurz; ich hatte meine Hand auf ihre gelegt, ihr Gesicht war ganz entspannt. Der letzte Seufzer war leicht, wie ein erstauntes „ach". Einen Augenblick lang zweifelte ich an der Präsenz des lang Erwarteten. Aber er war schon ins Zimmer getreten.

WOLFGANG HUBER

Die Versuchung durch die Macht und die Treue zum gnädigen Gott

„Wiederum führte der Teufel ihn auf einen sehr hohen Berg und zeigte ihm die Reiche der Welt und ihre Herrlichkeit und sprach zu ihm: Das alles will ich dir geben, wenn du niederfällst und mich anbetest. Da sprach Jesus zu ihm: Weg mit dir, Satan! Denn es steht geschrieben: Du sollst anbeten den Herrn, deinen Gott, und ihm allein dienen. Da verließ ihn der Teufel; und siehe, Engel traten herzu und dienten ihm."

(Mt 4,8–11)

„Das sagt der Erste und der Letzte, der tot war und ist lebendig geworden. Ich kenne deine Bedrängnis und deine Armut – du bist aber reich –, und die Lästerungen von denen, die sagen, sie seien Juden, und sind's nicht, sondern sind die Synagoge Satans. Fürchte dich nicht vor dem, was du leiden wirst! Siehe, der Teufel wird einige von euch ins Gefängnis werfen, damit ihr versucht werdet, und ihr werdet in Bedrängnis sein zehn Tage. Sei getreu bis an den Tod, so will ich dir die Krone des Lebens geben. Wer Ohren hat, der höre, was der Geist den Gemeinden sagt! Wer überwindet, dem soll kein Leid geschehen von dem zweiten Tode."

(Offb 2,8–11)

„Fürchte dich nicht, vor dem was du leiden wirst – sei getreu bis an den Tod, so will ich dir die Krone des Lebens geben!" Es ist ein kostbares Geschenk, wenn wir diese Zusage an einen anderen Menschen erfüllt finden bis ins Leiden des Alters und bis zum letzten Atemzug.

Einem väterlichen Freund, den uns die Gewalt einer tükkischen Krebserkrankung entriß, war die Zusage aus der Offenbarung als Konfirmationsspruch mit auf den Weg gegeben worden. Als wir von ihm Abschied nahmen, konnten wir nur dankbar bekennen, daß diese Treue sich in seinem Leben erfüllt hatte: in einem Leben, das im letzten Jahr des Ersten Weltkrieges begann und in die äußersten Gefährdungen führte – in den Militärdienst in Hitlers Armee an der russischen Front, in mehr als fünf Jahren sowjetischer Kriegsgefangenschaft, in den jahrelangen Kampf gegen die tödliche Krankheit. In all diesen Bedrängnissen hatte sich die Treue zum gnädigen Gott als seine entscheidende Lebenskraft bewährt. Doch zugleich war ihm die Versuchung durch die Macht nicht fremd. Im Angesicht seines Todes versuchten wir, sein Leben aus dieser Spannung zu verstehen.

In seiner Treue wollte er auf die Treue Gottes antworten, die ihm in seinem Leben zur alles bestimmenden Wirklichkeit geworden war. Durch Krisen der Jugend, durch Krieg und Gefangenschaft, durch Leiden und Anfechtung hindurch empfand er sein Leben als eine „Bewahrung wider alle Wahrscheinlichkeit". Auf diese gnädige Bewahrung antwortete er durch Treue bis an den Tod, über alle Belastungen und Kämpfe hinweg. Getreu war er in Zeiten des äußeren Erfolgs wie der inneren Bedrängnis, getreu in den schweren Zeiten der Krankheit: getreu den Menschen, in deren Dienst er sich stellte und die er als den Reichtum seines wie jedes Lebens empfand, getreu den Aufgaben, die er sich gewählt hatte, getreu dem Gott, von dem er alles erhoffte. Sein ganzes Leben wurde so zu einer Predigt über den Satz: „Sei getreu bis an den Tod, so will ich dir die Krone des Lebens geben."

Doch gerade dadurch wird ein solcher Abschied besonders schwer. Wir haben den Tod unseres Freundes kommen sehen und haben uns doch protestierend gegen ihn gesträubt; er selbst hat den Tod kommen sehen und hat gegen ihn mit seiner ganzen Kraft gekämpft. Und er hat ihm noch so manches Jahr, so manchen Monat, so manche Stunde abgerungen – Jahre, Monate und Stunden, die er sogleich in den Dienst anderer Menschen und in den Dienst der großen Aufgabe stellte, die er sich vorgenommen hatte. Getreu war er bis an den Tod: Noch im Krankenhaus hat er einem großen Editionsvorhaben, an dem ihm besonders viel lag, die letzten Korrekturen eingefügt, seinem letzten, in Gemeinschaft mit seiner Frau durchgeführten Werk, das er vollendet wußte, bevor es ans Sterben ging. Noch in den letzten Tagen am Schreibtisch hat er eine Doktorarbeit begutachtet, ein Vater seiner Schülerinnen und Schüler bis zuletzt. Und bei all dem ging es ihm nie um sich selbst. Sich selber war er gerade so treu, daß er von sich absah, daß er keine Macht für sich selbst erstrebte, obwohl er wußte, daß er über alle Gaben zur Ausübung von Macht verfügte.

Die Treue zum gnädigen Gott verstand er früh als Alternative zur Verführung durch die Macht. In seinen Jugenderinnerungen findet sich der Vermerk: „Daß solche Treue keine Selbstverständlichkeit sein konnte, war mir längst klargeworden, insbesondere bei der Berührung mit der völkischen Idee des Tannenbergbundes. Wie ernst es mir aber mit meinem Konfirmationsgelübde war, sollte sich erst später herausstellen, als die Nationalsozialisten den christlichen Glauben zu eliminieren versuchten." Sein Leben war eben darum eine Predigt über jenen Satz, weil in ihm – im Jahr 1935, als der Siebzehnjährige dem damaligen Reichsjugendführer Baldur von Schirach begegnete – eine bewußte Entscheidung gegen die Verführung der Macht und für die Treue zum gnädigen Gott fiel.

Diese Entscheidung war so ungesucht wie unausweichlich. Die entscheidende Weichenstellung hatte sich zwar lange vorbereitet, aber sie war nicht geplant. An der Person Baldur von Schirachs, den er unerwartet vor sich sah, wurde ihm plötzlich klar, was auf dem Spiel stand. Durch diese Begegnung wurde für unseren Freund die Erzählung über die Versuchung Jesu in der Wüste zu einem der wichtigsten Abschnitte im Neuen Testament. Die dritte Versuchung, vor die der Versucher Jesus stellt, ist die Versuchung durch die Macht. Alle Reiche der Welt und ihre Herrlichkeit bietet der Satan an – um den einen Preis, vor ihm niederzufallen und ihn anzubeten. In dieser Verführung durch die Macht wird klar, worum es in der Treue zum gnädigen Gott geht: „Du sollst anbeten den Herrn, deinen Gott, und ihm allein dienen." Daran orientiert sich Jesu störende Entscheidung – jene störende Entscheidung, deretwegen Dostojewskis Großinquisitor ihm entgegenhält: „Warum bist du gekommen, uns zu stören?" Der Großinquisitor hat seinen Frieden mit der Macht gemacht. Treue zum gnädigen Gott aber heißt: der Störung standzuhalten, die durch Jesu Weg in unsere Welt kommt. In den schon zitierten Jugenderinnerungen spiegelt sich das so: „Ich traute auf die Wirklichkeitsmacht des Evangeliums, und war entschlossen, seine Kraft zu erproben ... Ich war ... überzeugt, daß mein Leben – in der Abwendung vom Nationalsozialismus und den von ihm gebotenen Möglichkeiten – mir zeigen werde, daß auf dieses Evangelium und letztlich nur auf dieses Verlaß sei."

Jahrzehnte nach dieser Lebensentscheidung ist er, inzwischen ein weithin geachteter Professor der Theologie, in einem Vortrag auf die Geschichte von der Versuchung Jesu zurückgekommen. Dort heißt es: „In der Versuchungsgeschichte des Matthäus erscheinen in prophetischer Antizipation die großen Versuchungen der Menschheit. Nach vierzig Tagen und Nächten des Fastens und Hungerns wird Jesus vom Versucher heimgesucht. Er suggeriert ihm, zu seiner Selbsthilfe aus Steinen Brot zu machen. Er bietet ihm die Macht und Herrlichkeit aller Reiche der Welt, um ihn von dem Weg abzubringen, der vor ihm liegt, nämlich vom Wege des Leidens. Jesus lehnt ab; denn alle Selbsthilfe und Macht, alle Herrlichkeit des Menschen wird eine satanische Welt hervorbringen, wenn nicht in ihrer Mitte eines bleibt: das aufopfernde Dasein für andere, das Mitleiden mit dem Nächsten, das uns ihm näherbringt, näher sogar als alles gemeinsame Handeln. Jesus akzeptiert in dem Weg zum Kreuz Gottes Willen, weil alle Produktivität, alle Selbstverwirklichung, alle Lust eitel wird, wenn in der Mitte der Welt nicht das stellvertretende Leiden steht, das den Menschen aus den Banden, die ihn an ihn selbst fesseln, und auch aus den Zwängen der Aktivität herauslöst. Hier erscheint die Wahrheit, nach der sich alle anderen Kriterien des Menschseins ausrichten müssen, wenn es eine neue Hoffnung geben soll für die Zukunft des Menschengeschlechts. Weltverantwortung, die aus dem Glauben entspringt, wird von wahrem Mitleiden geleitet; sie wird darum ringen, daß die Leiden in dieser Welt mit allen dem modernen Menschen zur Verfügung stehenden Mitteln verringert werden, die Bereitschaft zum Dienst in der Nachfolge Jesu aber sich über diese Erde verbreitet ... Hier liegt letztlich das Salz, ohne das alles andere schnell verderben wird."

Die Treue zum treuen Gott: das prägte den Weg dieses Lehrers bis zuletzt. Nicht in der Macht für sich selbst, sondern in der Verantwortung für andere nimmt diese Treue Gestalt an. Der Rückblick auf seinen schweren Weg zum Tod und auf die gnädigen Stunden vor seinem Ende läßt uns indessen hinausfragen über die Verantwortung, die wir im Leben wahrnehmen können; er nötigt zu der Frage nach der Kunst des Sterbens, nach der ars moriendi. Er selbst schrieb dazu wenige Monate vor seinem Tod: Die Bedrohung durch die Krankheit „muß man nüchtern sehen, und das heißt, daß man sich mit dem Sterben und dem Tod auseinandersetzen muß. Das ist ja zweierlei. Es gibt so viel qualvolles Sterben, daß man nur hoffen kann, davon einigermaßen verschont zu werden. Beim Gedanken an den Tod vergegenwärtige ich mir immer wieder, wovon ich mich lösen muß, das ganze Geflecht menschlicher Beziehungen, die den Wert und die Freude des Lebens ausmachen. Das sind dann Gefühle schmerzhaften Bedauerns. Ich könnte nicht sagen, daß der Tod von der Last des Lebens ‚erlöst', es sei denn, die Lasten der Krankheit werden unerträglich. Insofern ist mein Lebensgefühl von dem des Paulus oder wohl auch der meisten neutestamentlichen Schriften recht entfernt. Sie erwarten ja, das Elend dieser Welt mit den Freuden des Himmels zu vertauschen. Für uns – für mich jedenfalls – ist das Jenseits des Todes ins Unvorstellbare entrückt, aber nicht ins einfache Nichts. Die Unvorstellbarkeit ist wohl die Folge unseres neuzeitlichen Wirklichkeitsverständnisses, das für andere als die empirische Dimension keinen Platz hat, aber selbst von Generation zu Generation mächtigen Veränderungen unterworfen ist. Daß in der Ewigkeit etwas vom Menschen aufbewahrt wird, so wie es das Neue Testament mit dem ‚bei Christus sein' aussagt, das glaube ich. Und das nimmt dem Tod seine Verneinungs- und Vernichtungsmacht."

In diesen Sätzen ist freilich gerade nicht von der Kunst des Sterbens, sondern von der Annahme des Todes die Rede. Der so vom Tod sprach, war selbst ein Lehrer des Lebens. Im Licht des Todes Jesu am Kreuz hat er nicht nach der Kunst des Sterbens, sondern nach der Kunst des Lebens, nicht nach der ars moriendi, sondern nach der ars vivendi gefragt.

All seine Äußerungen zu dieser Kunst des Lebens sind von einem einheitlichen Grundton bestimmt. Die tiefe Wahrheit menschlichen Lebens sah er immer darin, „daß der Mensch der größte Reichtum des Menschen ist – wenn man nur darüber hinwegkommt, was Menschen entfremdet und entzweit, verfremdet und gegeneinander aufbringt". Der Mitmensch, der Nächste, der Freund, der Nachbar nicht als die Grenze, sondern als der größte Reichtum für den Menschen: das war seine wichtigste Einsicht über die Kunst des Lebens. „Das Beste, das ein jeder von uns in sich hat, kann nur in der Begegnung mit dem Du des anderen erweckt werden." Diese Kunst des Lebens schließt das Leiden ein. Sie gerade ermöglicht es, „dem Schmerz an dieser Welt standzuhalten, auch dem Schmerz am eigenen Versagen, an der Schuld, an allen Nichtigkeitserfahrungen". Gerade so, durch diese Tiefen hindurch, trägt unser Leben den Charakter der Antwort. Aber Antwort worauf? „Auf das Leben Jesu Christi, das ein Leben des Leidens, des Helfens und der unvergänglichen Hoffnung war."

Im Rückblick auf das, was er selbst die „zweite Hälfte" seines Lebens nannte – die Zeit seit der Rückkehr aus der sowjetischen Kriegsgefangenschaft –, fällt nichts so sehr ins Auge wie sein kommunikativer und kooperativer Arbeitsstil. In unendlicher Geduld und unglaublicher Erfindungsgabe hat er sich zum Reichtum für andere Menschen gemacht und den Satz bewahrheitet, daß der Mensch der größte Reichtum für den Menschen ist. Sosehr die Grundlinie seiner eigenen Arbeiten klar und präzis zu erkennen ist, so dominierend waren doch immer sein Wille und seine Bereitschaft, anderen den

Weg zu eigenen Arbeiten zu bahnen. Eine große Zahl von Vorhaben hat er angeregt und geleitet, in denen Jüngere ihren Ort und ihre Aufgabe fanden. Unzählbare Stunden hat er in Beratungsgesprächen zugebracht. Ungezählt sind die Menschen, deren Biographie so die entscheidende, alles Weitere bestimmende Wendung erfahren hat. Erstaunlich ist nicht, daß darüber viele eigene, auch angefangene Bücher ungeschrieben oder unvollendet blieben. Erstaunlich ist die Kraft, die es ermöglichte, über drei, vier Jahrzehnte hinweg eine derartige, am anderen Menschen ausgerichtete Lebensform durchzuhalten – bis zum letzten Atemzug.

Eine solche Kraft ist eine Gnade. Es steht dazu nicht im Widerspruch, wenn ich hinzufüge: Diese Kraft kann schon früh gebildet und entwickelt sein. Vertieft man sich in die Jugenderinnerungen dieses Freundes und Lehrers, so ist unverkennbar, daß sich in ihm Freiheitsdrang und Offenheit für den anderen Menschen, Bedürfnislosigkeit und Beharrlichkeit mit einem „durchaus nicht ängstlichen Selbstbewußtsein" verbanden. Schon in einer von dem Vierjährigen berichteten Szenen wird diese Verbindung anschaulich. Das hochfiebernde Kind erhält den Besuch eines Arztes, der seine therapeutische Kunst mit der Frage einleitet: „Soll ich dir mal die Ohren abschneiden?" Darauf richtet sich der fieberglühende kleine Patient in seinem Bett auf und schleudert dem mächtigen Arzt trotzig die Frage entgegen: „Soll ich mal?!" Der Geist der Furcht war ihm zeitlebens fremd; der Geist der Kraft und der Liebe und der Besonnenheit hat sein Leben geprägt.

Sein Weg war schwer. Was andere früh und nach besonnter Jugend beginnen konnten, mußte er erkämpfen. Einsichten, die anderen ohne Not zufielen, konnte er nur in der Abwendung von den Idealen seiner Jugend sich zu eigen machen. Die Arbeitskraft, die anderen durch die Gesundheit beschert wird, hat er der Krankheit abgetrotzt. Es geschah nicht um seiner selbst willen. Es geschah aus Treue. Solcher Treue ist Bestand verheißen, über den Tod hinaus.

MARIANNE DIRKS

Deine Kraft allen, die noch kommen werden

„Er gibt den Müden Kraft,
und den Ohnmächtigen mehrt er die Stärke.
Jünglinge werden müde und matt,
Krieger straucheln und fallen;
aber die auf den Herrn harren,
empfangen immer neue Kraft,
daß ihnen Schwingen wachsen wie Adlern,
daß sie laufen und nicht ermatten,
daß sie wandeln und nicht müde werden."
(Jes 40,29–31)

Als mein Mann und ich zur Mitarbeit an dem Buch über Erfahrungen mit dem Alter eingeladen wurden, war schon abzusehen, daß er – mit 90 Jahren nach der Operation eines Oberschenkelhalsbruches im Krankenhaus – würde absagen müssen. Ich hatte trotz dieser großen Belastung Lust mitzumachen; ich durchlebte damals eine Altersphase, in der mir viel Kraft geschenkt wurde. Deshalb dachte ich an die Frage „Orientierung auf Neues".

Bei mehrfacher Erfahrung von Neuaufbrüchen in den letzten Jahren war mir immer wieder die Jesaja-Stelle in den Sinn gekommen. Diese Verheißung hat mich oft gestärkt und beflügelt. Auch jetzt lebte und lebe ich ein Stück aus ihr.

Doch als dann die Belastungen der Krankheit meines Mannes merklich zunahmen und ich dabei meine eigene Schwäche, meine 78 Jahre plötzlich deutlich zu spüren bekam, fühlte ich mich nicht mehr im Stand, Neuaufbrüche im Alter zu bedenken; meine Gedanken waren auf die „Last des Alterns" gerichtet. Bald mußte ich die Auseinandersetzung mit den Themen des Buches wegschieben. Ich brauchte alle verfügbare Kraft, um den Belastungen der Pflege in den letzten Wochen vor dem Tod meines Mannes gewachsen zu sein. Wir hatten den Patienten auf seinen dringenden Wunsch hin aus dem Krankenhaus nach Haus geholt. Als eine Infektion den Zustand rasch verschlechterte, galt es, die Begleitung zum Sterben zu bestehen ...

Einige Zeit nach dem Tod meines Mannes, als ich zur Ruhe und zu mir selbst gekommen war, erwachte das Interesse an den Alterserfahrungen von neuem; nun lag es nahe, den „letzten Abschied" im Spiegel der prophetischen Verheißung zu reflektieren. Doch wollte ich den Stichworten „Neuanfang" und „Last des Alterns" nicht ausweichen. Ob das Verarbeiten so frischer persönlicher Erlebnisse nicht die Diskretion verletzt, habe ich mich gefragt. Aber diese Gefahr steckt wohl in der Fragestellung des Buches – ich denke, sie mag durch den „Spiegel der Bibel" aufgefangen werden.

Wenn auch jetzt noch die positiven Erfahrungen und Erkenntnisse dominieren, selbst während der letzten schweren Wegstrecke meines Mannes, so sind es wohl die freundlichen Fügungen – Therese von Lisieux nannte sie „Délicatesses du bon Dieu" –, die zärtlichen Aufmerksamkeiten des guten Gottes also, die wir beide immer wieder erleben durften und mit ihnen oft ein unverdientes Privilegiert-Sein. Dahinter ahnte ich aber auch eine neue Lebensdimension.

Fast genau ein Vierteljahr vor dem verhängnisvollen Sturz konnte mein Mann seinen 90. Geburtstag noch in voller geistiger Frische, mit viel Zuwendung und Anerkennung feiern. Das war, verbunden mit der Übergabe von acht Bänden seiner journalistischen Arbeiten durch Herausgeber und Verleger, eine große Stärkung und Bestätigung für sein trotz vieler Erfolge immer wieder angefochtenes Selbstgefühl. All dies half mit, die Tage der Krankheit mit Depressionen und demütigenden Situationen, die sich durch die wachsende Schwäche ergaben, relativ gelassen durchzustehen. Es gab ihm das Bewußtsein, den Nachkommenden etwas vermittelt zu haben und nun ausruhen zu dürfen von den Mühen und Plagen, die sein Leben schwer, aber auch reich gemacht haben.

In der Geheimen Offenbarung des Johannes 14,13 ist es der Geist, der den „Toten, die im Herrn sterben", dieses „Ausruhen" verspricht, mit der Begründung, daß „ihre Werke ihnen nachfolgen". Dabei sind wohl die Taten der Liebe gemeint, die diese Toten während ihrer Lebenszeit übten. Bei Walter Dirks denke ich auch an seine schriftlichen Arbeiten, mit denen er auch eine Sendung erfüllt hat. Für viele ist er immer wieder ermutigend für die „Hoffnung wider die Hoffnungslosigkeit" eingetreten und hat gerungen um die Kraft, „auf die gute Karte zu setzen, auch wenn die Chancen gering zu sein schienen", wie es ein Freund formulierte.

Die Atmosphäre in diesen letzten Wochen war eigentümlich ambivalent. „Ich habe keine Angst vor dem Tod, aber Angst vor dem Sterben, wenn langes qualvolles Krankenlager, Siechtum oder viele Schmerzen vorausgehen", sagte er zu Besuchern. Das blieb ihm gnädig erspart. Die ihm nahen und vertrauten Menschen erfuhren, daß er den Tod angenommen hatte, zeitweise sogar wünschte, daß es zu Ende gehen möge: „Ich habe genug gelebt, ich bin müde." Von Vorfreude auf das himmlische Jerusalem sprach er kaum; dazu war er wohl zu nüchtern. Immer wieder brach die Angst vor rasch zunehmenden körperlichen Beschwerden auf durch die

Parkinson-Erkrankung, die bis jetzt noch unter Kontrolle gehalten war. Aber jetzt ließ sich eine Rollstuhl-Existenz voraussehen, die ihn von der Hilfe der Pflegenden abhängig machen würde.

Das war belastend, gewiß – aber keineswegs überwiegend bedrückend und zunächst auch keineswegs lebensbedrohend. Und heute denke ich: Was bei Ablehnung der Nahrung wie ein Streik aussehen mochte, war kein Protest, eher das Einwilligen in eine erahnte nahe Begrenzung der Lebenszeit, gegen die er sich nicht wehren wollte: Ich habe ein erfülltes Leben gehabt – es ist genug . . .

Bis zuletzt besuchten ihn noch junge Menschen, die oft bei ihm Rat und Gespräch gesucht hatten; jetzt waren sie überrascht und erleichtert, daß man unbefangen, fast heiter mit ihm sprechen konnte. Auch noch in der großen Schwäche konnte er sich an kleinen Dingen freuen wie ein Kind, am Blick in den Garten mit den Bäumen und Blumen (siehe „Meine Bäume" S. 81–88). In guten Stunden machte er wieder Pläne für die Zukunft, für die trotz allem noch erhoffte Rekonvaleszenz: er beschrieb genau, wie ein Garten-Liegebett für ihn aussehen sollte. Und die goldene Hochzeit im August – er wollte sie noch miterleben . . .

Neu, immer wieder bewegend war für mich in den Tagen des Abschieds bei dem Gefährten so vieler Jahre, bei dem bis zuletzt auch spröden Westfalen, der Friede, den er ausstrahlte, wenn wir uns nach dem Abendgebet gute Nacht sagten. „Ich fühle mich jetzt oft in Gottes Gegenwart", äußerte er eines Tages. Wir sprachen beide nur sparsam über religiöse Erfahrungen (überhaupt erst durch meinen Mann habe ich das gelernt); so überraschte es mich und war zugleich beglückend.

Schon einmal hatte ich erfahren, daß auch das Sprechen über den Tod nicht tabu zu sein braucht, daß es auch in der Familie ohne Befangenheit möglich ist. Das war beim Sterben der Mutter meines Mannes vor über 40 Jahren. Bei Sichten alter Arbeiten kam mir ein Artikel mit der Erinnerung daran in die Hand, den ich 1949 für die nach Verbot in der Nazizeit neu erstandene Zeitschrift „Frau und Mutter" geschrieben hatte; ich fand bei aller Verschiedenheit der Situation verblüffende Übereinstimmungen im Verhalten von Mutter und Sohn vor dem letzten Abschied: „Bis ins letzte echt und schlicht gemeint, ohne Überschwang und Frömmelei war es, wenn sie immer wieder versicherte, daß sie sich wie vor einem Vorhang fühle, der sich bald öffnen werde. Hinter dieser Todesbereitschaft steckte weder Lebensüberdruß, noch kapitulierte sie vor den wachsenden Schmerzen. Bis zuletzt nahm sie jede kleine Freude dankbar auf – die Besuche der Enkelkinder, deren Spiel im Garten, das sie dort mit dem aufblühenden Flieder in einem eigens angebrachten Spiegel betrachtete. Kostbar war jeder Augenblick, den wir vor dem friedlichen Ende bei ihr verbringen durften. Wir lebten noch tagelang nach dem Tod im Bewußtsein ihrer Nähe, eine lähmende Trauer kam nicht auf."

Bei beiden: welche Gnade, welches Privileg, wenn nicht Starrheit oder Existenzangst oder unerträgliche Schmerzen das Lebensende prägen, so daß ein „Sterben im Herrn" schwer vorstellbar erscheint!

Für mich selbst habe ich manchmal diese Angst: daß Geist und Herz stumpf und fühllos werden könnten, versperrt für das Wirken des Gottesgeistes. Ich sehe manche Rollstuhlpatienten in der Pflegeabteilung eines Altenheimes vor mir; dort besuche ich oft eine noch rüstige Verwandte. Wenn ich solche Alten in ihrem Rollstuhl auf dem Flur grüßen will, schauen sie mich an aus Augen, die erloschen scheinen, leer und verständnislos, ohne zu reagieren. Kann nicht auch ich von heute auf morgen in diese Verfassung kommen, wie ich es bei sensiblen, vitalen Altersgenossinnen erlebt habe? Würde ich dann noch den Mut zum Weiterleben-Wollen aufbringen? Aus Solidarität mit solchen Betroffenen wird es mir schwer, Gott dafür zu danken, daß mein Lebensgefährte, wenn auch aus Schwäche kaum noch fähig zu reagieren, wachen Geistes und Herzens sterben durfte – auch dafür, daß ich heute noch die Verbundenheit mit ihm so stark fühle, ja, Mut zu einem neuen Anfang verspüren darf.

Angesichts dieser Schwierigkeit fallen mir Antworten aus der Bibel ein, meist ohne Zusammenhang mit deren Kontext; ohne exegetische Reflexion greife ich sie auf, wenn sie mich treffen: „Sorget euch nicht um den morgigen Tag!" (Mt 6,34), „Wirf deine Sorgen (‚cogitatum tuum' eigentlich: dein grüblerisches Denken) auf den Herrn, er wird dich aufrecht erhalten!" (Ps 54,23). Oder – im Hinblick auf die Alten im Rollstuhl oder die Greise auf der Flucht – die Verheißung des Ausgleichs, die dem armen Lazarus gegeben wurde; er, der in seinem Leben Schlimmes erfahren hat, wird getröstet (Lk 16,25). Dabei denke ich aber nur an diesen Aspekt eines Ausgleichs für die Opfer, der mir das Danken erlaubt. Ich erfahre dieses Privilegiertsein nur als Geschenk an eine müde und sehr schwache Frau, auf die das Jesaja-Wort genau paßt: „Er gibt den Müden Kraft, und den Ohnmächtigen mehrt er die Stärke."

In solchen Stunden kommt mir die Geschichte von dem Propheten Elias in den Sinn (1 Kön 19,4–8), der sich sterbensmüde unter einen Ginsterbusch setzte und den Tod wünschte. Dann aber wurde er durch einen Engel mit Brot und Wasser gestärkt und ging in der Kraft dieser Speise 40 Tage und Nächte bis zum Gottesberg Horeb. Hier wird sehr konkret die Situation eines Menschen geschildert, der nichts mehr von sich erwartet.

Als Christin denke ich bei der Stärkung durch das Brot auch an unsere Stärkung durch das eucharistische Brot.

Der Kern dieser Aussage wird, abgesehen von der Alterssituation, zu einer Grundaussage der Bibel: Im Maß, in dem ich dafür offen bin, wirkt Gott in meiner Schwäche. So sagt es Jesaja, so sagt es Maria, die Mutter Jesu im Magnifikat; so hat es Paulus erfahren, wenn er, mit Krankheit belastet, feststellt, daß die Kraft in der Schwachheit zur Geltung kommt (2 Kor 12,9) oder daß der Geist unserer Schwachheit aufhilft (Röm 8,26). Es ist letztlich das Geheimnis vom Weizenkorn, das Geheimnis vom Sterben und Auferwecktwerden Jesu.

Mein Mann ist am Fronleichnamstag gestorben. Auch darin sehe ich eine freundliche Fügung. Ihm, der zeitlebens seine Probleme hatte mit der Fronleichnamsprozession, der die Überzeugung vertrat, das eucharistische Brot sei zum Essen, nicht zum Zeigen da, wurde die Feier der Eucharistie, das Brudermahl in der Gemeinde, mit zunehmendem Alter immer teurer, von Sonntag zu Sonntag freute er sich darauf. Aber an diesem Fronleichnams-Sterbetag ist mir klargeworden, wie die Liebeserweise Gottes ganz andere Dimensionen annehmen können, als wir sie uns auszudenken vermögen. Zum ersten Mal sollten in unserer Gemeinde an diesem Fronleichnamsfest Laien-Kommunionhelfer, die an der Prozession teilnahmen, von dieser aus den Kranken in den Häusern die Kommunion bringen. Wir freuten uns darauf. Am Morgen aber mußte ich diesen Bruderdienst absagen, da der Schwerkranke nicht mehr imstande war, das heilige Brot – oder statt dessen den Wein – aufzunehmen. Ich kann es nicht wissen, aber ich möchte mir vorstellen dürfen, daß er am gleichen Tag am himmlischen Abendmahl teilnehmen durfte . . .

Und wiederum ist es eine Aussage aus dem Alten Testament, aus den Psalmen, die mir klarmacht, daß

Wachheit und Kreativität bis ins Alter geschenkt sind als Auftrag, als Stärkung zum Weitergeben an andere:

„Gott, du hast mich gelehrt von Jugend auf, und bis jetzt verkünde ich deine Wunder. Auch im Alter noch, wenn ich grau werde. Verlaß mich nicht, o Gott, daß ich deinen Arm der Nachwelt verkünde, deine Kraft allen, die noch kommen werden . . . Der du uns schauen ließest viel Angst und Not, du wirst uns wieder beleben, uns wieder heraufführen aus den Tiefen der Erde . . .“

(Ps 71,17–20)

FRIEDERIKE RUPPRECHT

Statt eines Nachworts

Gerta Scharffenorth zum 80. Geburtstag

Liebe Gerta, Du wirst ohne Zweifel überrascht sein, am Ende dieses Buches, dessen Anregerin, Planerin und Herausgeberin Du warst, Zeilen zu finden, die Deinen prüfenden Augen vor der Drucklegung nicht überlassen wurden.

Autorinnen und Autoren ebenso wie die Lektorin des Verlags bemerkten während ihrer Arbeit, daß Du fast gleichzeitig mit der Fertigstellung des Bandes Dein 80. Lebensjahr vollendest oder vollendet haben wirst. Indem sie darauf aufmerksam wurden, begannen sie ihre Beiträge zu Erfahrungen des Alters, die sie um des Themas willen übernommen hatten, auch für Dich zu schreiben in dem Bewußtsein, daß es einen inneren Zusammenhang zwischen dem Inhalt des Buches und der langen Lebenswegstrecke gibt, auf die Du am 8. Januar zurückblicken kannst.

Einige Autorinnen und Autoren begannen, das Buch mit seinem Titel „Werft Eure Zuversicht nicht weg!" als eine Gabe zu sehen, die Du aus der Fülle der Erfahrungen Deines Lebens an andere weitergibst; ihre eigenen Beiträge wurden ihnen zu Anteilen an dieser Gabe, die sie sowohl Dir wie den weiteren Leserinnen und Lesern durch Dich überreichen wollen.

Ich freue mich, daß es mir zugefallen ist, diesen „Brief zu Deinem Geburtstag" zu schreiben, da es mir aufgrund meiner veränderten Lebensbedingungen in einer Zeit des Übergangs nicht möglich war, den von mir geplanten Beitrag für dieses Buch fertigzustellen.

Ich plante, über die Bedeutung des Segens als Verbindung der Generationen nachzudenken und wollte an biblische Texte aus 1. Mose anknüpfen. In 1. Mos 12,2 heißt es, daß Gott Abraham segnete mit den Worten: „Und ich will dich zum großen Volk machen und will dich segnen und dir einen großen Namen machen, und du sollst ein Segen sein." Auf ähnliche Weise wurde später auch Isaak, Abrahams Sohn, von Gott gesegnet (1. Mos 26,4). Isaak wiederum segnete seinen Sohn Jakob (1. Mos 27,27–29), Jakob segnete seine Enkel Ephraim und Manasse (1. Mos 48,15 f.). So wurde der Segen durch die Generationen weitergegeben und setzte sich in ihnen fort in einer Kontinuität des Lebens, das nicht durch Leistung, sondern durch vertrauensvolle Hoffnung getragen ist.

Als ich noch vorhatte, diese Gedanken auszuarbeiten, wurde in mir die Erinnerung an einen alten Freund meiner Kindheit wach, einen über 70jährigen Mann, der mir begegnete, als ich etwa acht Jahre alt war. In seinem Haus hatte ich eine Zeitlang während der Nachkriegsjahre in Berlin einen regelmäßigen Mittagstisch, worüber meine Eltern, die ihre fünf Kinder in dieser Zeit der Not kaum satt bekamen, sehr froh waren. Ich sehe mich noch nach sorgfältiger Vorbereitung der Kleidung in das große graue Haus hineingehen, in dessen unterem Stockwerk die Büroräume der Kaufmannsfirma untergebracht waren, während im oberen Stockwerk, durch eine breite Treppe zugänglich, die weitläufige, wohleingerichtete Wohnung sich erstreckte. Hinter dem Haus gab es eine große gepflegte Gartenanlage mit Rosen und einem Ziehbrunnen. All dies stand im Gegensatz zu den Kriegsruinen auf der gegenüberliegenden Straßenseite, in denen wir spielten, und auch zu der notdürftigen Unterkunft, die wir im Nachbarhaus bei einer Kusine meiner Mutter gefunden hatten. Das Mittagessen, von der

Hausfrau und ihrer Helferin vorbereitet, endete meist mit der Bemerkung, daß ich nun meine Medizin einzunehmen habe. Ich wurde in die Bibliothek geführt, und der Hausherr gab mir einen Streifen Schokolade.

Mit diesem Freund führte ich noch über etwa sieben Jahre nach unserem Wegzug aus Berlin einen Briefwechsel, der bis zu seinem Tod dauerte. Ich halte ihn im nachhinein für ungewöhnlich, denn es ist ja nicht selbstverständlich, daß ein alter Mensch ein Kind – eine Jugendliche – jahrelang durch eigene Gedanken, Beobachtungen, Ratschläge begleitet über eine große Entfernung hin und ohne Auffrischung der Begegnung durch ein Wiedersehen. Ebensowenig versteht es sich von selbst, daß eine Jugendliche, oft unter Aufwendung eines ganzen Tages, brieflich antwortet, erzählt, kleine Lebensbegebenheiten niederlegt. Es kann nicht nur Pflichtgefühl gewesen sein, sondern die Freude über die empfangenen Briefe und das Wissen um den Wert, den sie für beide Seiten hatten, wird dieses bewirkt haben.

In einem der von mir sorgfältig aufbewahrten Briefe ist folgender Satz zu lesen: „Meine Eintragung in Dein Poesiealbum soll Dich in späteren Jahren Deines Lebens daran erinnern, daß es einmal einen alten Menschen gab, der Dich so sehr liebte und Dir für Dein Leben reiches Glück und Segen wünschte." Vorausgegangen war, daß ich meinem Freund, wie in dieser Lebensphase üblich, mein Album zugesandt hatte, in das er einen Liedvers von Hugo Wolf eintrug mit der Unterschrift: „Ich segne Dich und Du sollst ein Segen sein." Damals wußte ich nicht, daß dies der Segen war, der Abraham bei seinem Auszug aus Ur in Chaldäa begleiten sollte, doch spürte ich, daß mir etwas Gutes gesagt war, das mir Vertrauen geben könnte in schwierigen Zeiten. Das Poesiealbum allerdings ist verlorengegangen, den Segen hatte ich über Jahre vergessen. Ich bin froh über die lebendig gewordene Erinnerung, denn älter werdend, ja nach und nach alt werdend oder auf das Alter zugehend, sehe ich besser als früher, wie sehr ich auf den Segen der Älteren angewiesen und durch ihren Segen getragen war, auch in schwierigen Zeiten.

Du, liebe Gerta, bist 29 Jahre älter als ich, mein erster Sohn ist um ebenso viele Jahre jünger; ich, die ich der mittleren Generation zugehöre, bedarf in einer Zeit neuer Anforderungen an meine äußeren und inneren Kräfte der Begleitung der Älteren wie auch vorher. Ich will aber auch Begleiterin meiner Kinder sein, der jüngeren Generation, die sich in unserer Welt der Konflikte und Gefährdungen auf den eigenen Weg macht und des Segens der Vorauslebenden gewiß sein muß; derer, die die nötigen Trennungen akzeptieren und – ohne Erwartungen – mit ihnen, den Jüngeren, sind.

In den elf Jahren, seit ich Dich, Gerta, kenne, in denen ich Deine Schülerin und Mitarbeiterin war, bist Du mir Freundin gewesen, haben mich Dein oft verschwiegenes Mitdenken, Deine Fürbitte gestützt. Indem Du bei mir warst, bist Du auch Vorbild geworden für meinen eigenen Weg mit Jüngeren, der, wie ich nun gelernt habe, auch im Alter ein Weg der Gemeinschaft sein kann, trotz allen unumgänglichen Ablösungen.

Dein Beitrag bezieht sich auf Ruth 1,1–22. Du hast über diesen Text im Januar des vergangenen Jahres gepredigt. Ich habe diese Predigt damals nicht gehört, aber wenig später gelesen und wurde durch sie tief bewegt. Nicht deshalb rührte sie mich zu Tränen, weil sie traurig wäre – sie ist es nicht, sondern ist eher von warmer Heiterkeit, die Trauer allerdings einschließt. Ich weinte wegen der Durchsichtigkeit, die mir durch die Predigt Dich selbst, und auch mich, zeigte.

Naemi, die – selbst aufbrechend – am Los ihrer Schwiegertöchter teilnimmt, ihr eigenes Schicksal und das der jüngeren klar in den Blick faßt, zärtlichen Rat gibt, bist Du selbst, die klarsichtige Freundin und fordernd-liebevolle Beraterin. In der Trauer des zärtlichen Abschiednehmens ist Deine und meine Trauer enthalten, nicht weil wir Abschied voneinander nehmen müßten, sondern weil jeder Umbruch und Aufbruch am Ende eines langen zurückgelegten Lebensabschnittes, zu dem Du und ich jetzt gerufen sind, Trauer verursacht. Wie gut, wenn solche Trauer über die Generationen hinweg in Gemeinschaft erlebt werden kann, wie gut, wenn sie zärtlich ist! Wieviel Segen ist uns Jüngeren gegeben, da Du, Gerta-Naemi, uns Jüngeren nahebleibst, Deinen eigenen und unseren anders-eigenen Weg klar unterscheidend uns freigibst in der Weite des Geistes, um die auch Du – wie ich vermute – immer wieder ringen mußt, sie neu zu gewinnen!

Die biblische Naemi dürfte wohl meinem Alter näher gewesen sein als dem Deinen, da sie nach Aussage des Textes immerhin erwog, ob sie noch Kinder gebären könnte. Deshalb gibt sie mir die Zuversicht, daß auch ich nach und nach zu einer Naemi werden kann, die in Wachheit am Leben der Jungen teilnimmt, die ohne Selbstmitleid losläßt in einem zärtlichen Abschiednehmen, die segnet, weil Segen eine stille Weise der Wegbegleitung ist, die nicht nötigt zur Gemeinsamkeit, aber offen ist für diese, die zu neuem Aufbruch bereit ist im Vertrauen auf Gottes Segen auch im Alter.

Du siehst, Gerta, daß ich viele Deiner Formulierungen aufgenommen habe, und so weißt Du, daß ich noch lange mit Deinem Text leben werde. Ich hoffe, daß es mir noch lange gegeben wird, in Deiner Nähe weiterzuleben, in alter Gemeinschaft und neuem Aufbrechen. Alle, die zu diesem Band beigetragen haben, danken Dir zusammen mit mir für die Früchte Deiner Erfahrungen, die Du bis heute gesammelt und ausgeteilt hast!

Die Autorinnen und Autoren

Daten zum Lebenslauf

RUTH ALBRECHT, Dr. theol., geb. 1954; Studium der evangelischen Theologie in Bethel, Tübingen und Erlangen. Promotion mit einer kirchengeschichtlichen Arbeit. Seit 1989 Krankenhausseelsorgerin mit einer halben Pfarrstelle in Hamburg.

DORA BETZ, geb. 1923 in Herrentierbach Kr. Schwäbisch Hall. Dort 1942 Abitur. Reichsarbeitsdienst und Aushilfslehrkraft in Westpreußen. Krankenpflegeschule im Evang. Diakoniewerk Schwäbisch Hall 1945–1947. Eintritt in die Schwesternschaft 1947. Biblisch-diakonische Ausbildung, Arbeit im Krankenhaus (Hall, Flensburg) und in der Gemeinde. Unterrichtsschwester und Leitung der Krankenpflegeschule Hall 1952–1979. Fortbildung am Diakoniewissenschaftlichen Institut Heidelberg. 1979–1987 Oberin, daneben Leitung der Krankenpflegeschule. Seminare für klinische Seelsorge. Seit 1987 im Ruhestand. Besuchsdienst auf Pflegestationen.

OTTO BETZ, geb. 1927 in Frankfurt a. M. Schulzeit in Frankfurt, Duisburg und Fulda. Studium der Philosophie, Theologie, Germanistik und Pädagogik in Frankfurt, München und Bonn. 1960–1964 wissenschaftlicher Assistent an der Universität München. Prof. für Erziehungswissenschaften und katholische Religionspädagogik an der Universität Hamburg von 1964–1985. Seither in Süddeutschland lebend, Referent in der Erwachsenenbildung, publizistische Tätigkeit. Seit 1952 verheiratet mit Felicitas Betz, acht Kinder.

WALTER DIRKS, geb. 1901 in Dortmund-Hörde, gestorben 1991 in Wittnau bei Freiburg. Studium der Theologie, Philosophie und Soziologie in Münster, Frankfurt und Gießen; 1924–1933 Redakteur bei der „Rhein-Mainischen Volkszeitung"; Sommer 1933 „Schutzhaft"; 1935–1943 Berufsverbot; 1946 Gründung der „Frankfurter Hefte" mit Eugen Kogon; 1956–1967 Hauptabteilungsleiter Kultur beim Westdeutschen Rundfunk in Köln; lebte seit der Pensionierung in Wittnau. Zahlreiche Arbeiten für Rundfunk und Zeitschriften, Buchveröffentlichungen. – Den hier abgedruckten Text schrieb er in den letzten Lebensmonaten.

MARIANNE DIRKS, geb. 1913 in Stuttgart. Musikpädagogisches Studium in Freiburg, Musiklehrerin; 1941 Heirat mit dem Publizisten Walter Dirks, vier Töchter. 1951–1972 Präsidentin der Katholischen Frauengemeinschaft Deutschlands; 1971–1973 Mitglied des Geschäftsführenden Ausschusses des Zentralkomitees der deutschen Katholiken. 1968–1972 Vizepräsidentin, Mitglied der Synode der deutschen Bistümer. Lebt heute in Wittnau bei Freiburg; Bildungsarbeit in der Pfarrgemeinde. Publizistische Arbeiten mit den Schwerpunkten Pastoral im Geist des 2. Vatikanischen Konzils und Emanzipation der Frauen.

MARLIES FLESCH-THEBESIUS, geb. 1920 in Frankfurt a. M.; war zehn Jahre lang Journalistin, ehe sie 1957 begann, Theologie zu studieren. Ordination 1964. Arbeit mit jungen Erwachsenen in der Rheinischen Kirche (Diakonisches Jahr). 1973 Gemeindepfarramt in Frankfurt a. M., verbunden mit einem übergemeindlichen Auftrag für Mission und Ökumene. Lebt im Ruhestand, erforscht Leben und Arbeit der Theologinnen der ersten Generation. – Der Beitrag erinnert an ihren Vater Dr. med. Max Flesch, geb. 1889. Seine Stelle als leitender Chirurg eines Krankenhauses in Frankfurt a. M. verlor er 1933. Gest. 1983.

GERTRUD FRAUENKNECHT, geb. 1923 in Fürth als ältere von zwei Mädchen. 1929–1941 Schulzeit in Fürth, Deutsche Aufbauschule in Erlangen. 1941 Arbeitsdienst im damaligen Sudetengau. Nov. 1941–1945 Studium in Erlangen und Freiburg; Fächer: Deutsch, Geschichte, Geographie, Philosophie; 1. Staatsexamen 1945; 2. Staatsexamen 1947. Dez. 1952 Promotion. Davor Assistentin am Deutschen Seminar Erlangen bis 1953. (Unterbrechung: Heirat 1947 und Geburt der Kinder.) 1954–1982: freie wissenschaftliche Mitarbeiterin am „Atlas der deutschen Volkskunde" an der Universität Bonn. Ehrenamtliche kirchliche Arbeit: Presbyterium; Mitglied der Rheinischen Landessynode und der EKU-Synode. Vorsitzende der Evangelischen Frauenarbeit und der Evangelischen Frauenhilfe im Rheinland e. V. Mitglied des Diakonischen Rates der EKD.

RUDOLF R. FRAUENKNECHT, geb. 1921 in München. 1928/39 Schulzeit in Rothenburg ob der Tauber und Aschaffenburg. 1940/51 rechtswissenschaftliches Studium an der juristischen Fakultät der Universität Erlangen (durch den Krieg unterbrochen) und Vorbereitungsdienst in den Bezirken der Oberlandesgerichte Bamberg und Nürnberg. Heirat 1947. Eine Tochter und ein Sohn. 1952–1977 Dienst als Volljurist in den obersten Bundesbehörden in Bonn, zuletzt als Ministerialdirigent im Bundesministerium des Innern. 1977–1985 Oberbundesanwalt beim Bundesverwaltungsgericht in Berlin (West). Ruhestand seit 1985, lebt in Bonn.

WOLFGANG HUBER, geb. 1942 in Straßburg als jüngster von fünf Brüdern. Schulzeit im Schwarzwald und in Freiburg i. Br. Seit 1960 Studium der Theologie in Heidelberg, Göttingen und Tübingen. 1966–1968 im württembergischen Gemeindedienst. Von 1968–1980 hauptamtlicher Mitarbeiter der Forschungsstätte der Evangelischen Studiengemeinschaft in Heidelberg. 1980–1984 Professor für Sozialethik in Marburg, seit 1984 Professor für Systematische Theologie (Ethik) in Heidelberg. Seit 1973 Mitglied der Kammer der EKD für öffentliche Verantwortung; seit 1979 Mitglied des Präsidiums des Deutschen Evangelischen Kirchentages (1983–1985 dessen Präsident). Verheiratet mit der Lehrerin Klara Huber-Kaldrack; zwei Söhne und eine Tochter. Der Beitrag erinnert an den Abschied von Prof. Dr. theol. H. E. Tödt, geb. 1918, gest. 25. 5. 1991.

ELSE KÄHLER, geb 1917 in Kiel. Schulzeit bis Mittelschulabschluß in Kiel. Ausbildung als staatlich geprüfte Milchwirtschaftlich-technische Assistentin 1935–1938. Leitende Assistentin am Tiergesundheitsamt in Kiel. Nach Abitur auf dem zweiten Bildungsweg Studium der ev. Theologie (1947 Stipendium der Universität Zürich). Freundschaft mit Marga Bührig; Beginn einer bis heute dauernden Lebens- und Arbeitsgemeinschaft. 1957 Promotion Dr. theol. Berufung mit Marga Bührig an das evang. Tagungs- und Studienzentrum Boldern ob Männedorf. Als Studienleiterin verantwortlich für Alters- und Pensionierungsfragen, Scheidungsprobleme, für Homosexualität und Lesbenprobleme. 1983 Pensionierung. Lebensgemeinschaft zu dritt mit einer jüngeren Freundin. 1970 Schweizer Staatsbürgerschaft, leider unter Verlust der deutschen Staatsbürgerschaft.

BERNHARD KRAUS, geb. 1953 in Karlsruhe, Studium der katholischen Theologie und Pädagogik in Freiburg, Ausbildung zum Pastoralreferenten. Verheiratet, Vater von vier Kindern; nach langjähriger Tätigkeit in der Jugendarbeit Referent für kirchliche Altenarbeit in der Erzdiözese Freiburg; lebt in Freiburg.

HEIDE-MARIE LAUTERER-PIRNER, geb. 1952 in Heidelberg. Studium der Germanistik und Geschichte. 1. und 2. Staatsexamen, ab 1977 sechs Jahre Tätigkeit als Lehrerin an berufsbildenden Schulen, Abendgymnasien und Fachhochschulen. Verheiratet. 2 Patenkinder. 1990 Promotion zum Dr. phil. mit einer Arbeit über die Kaiserwerther Mutterhausdiakonie im Dritten Reich. Historikerin.

EVA LOOS, geb. 1947; 1953 Pfarrerstochter; 1966 Studentin der Theologie; 1975 Pfarrvikarin; 1977 Theologische Mitarbeiterin der Frauenarbeit der Evangelischen Landeskirche in Baden. Seit 1981 Theologische Leiterin der Ev. Frauenarbeit in Baden. 1983 Pfarrfrau; zwei Pfarrerskinder (11 und 13 Jahre).

HELGA MANTELS, geb. 1937 in Frankfurt a. d. O. Nach Grund- und Oberschule (Waldorfschule) 1957–1959 Krankenpflegeschule des Evangelischen Diakonissenhauses Kassel; 1959 Eintritt in die Schwesternschaft; 1960–1964 Ausbildung zur Katechetin und Kirchenmusikerin (Orgel und Chorleitung), in Darmstadt und Frankfurt. 1965 Einsegnung zur Diakonisse. Arbeit als Kantorin, Katechetin und Studienleiterin der Hauswirtschaftsausbildung im Mutterhaus Kassel; 1973–1978 Theologiestudium im zweiten Bildungsweg; Pfarrvikarin; 1976 Ordination; 1979–1990 Oberin des Kaiserswerther Verbandes Deutscher Diakonissenmutterhäuser. Seit 1991 Oberin der Evangelischen Diakonissenschaft in Kassel. Arbeitsschwerpunkte: Aufbau therapeutischer Altenpflegeseminare „Bewegung bis ins Alter" in Kooperation mit der Sportakademie der Universität Münster. Musikalische Fortbildung von Schwestern; Mitarbeit im ökumenischen Bund DIAKONIA; Landessynodale.

DAGMAR VON MUTIUS, geb 1919 in Christiania (Oslo). Kindheit und Jugend als Diplomatentochter in Kopenhagen und Bukarest und auf dem Familiengut in Schlesien. Ab 1931 Schulbesuch in Berlin. 1940 landwirtschaftliche Lehrstellen in Schlesien. 1941 Verwaltung des Familiengutes Gellenau Kr. Glatz/Schlesien.

1945–1946 Arbeit auf dem nun polnischen Staatsgut; Aussiedlung. 1947–1950 Gärtnerin in der Elbmarsch. Ab 1950 in Heidelberg. 1954 erste Erzählungen. Seit 1960 Buchhändlerin. Buchveröffentlichungen; Erzählungen und Essays in zahlreichen Anthologien; Rundfunkarbeiten. Mehrere Literaturpreise und Auszeichnungen.

FRIEDERIKE RUPPRECHT, geb. 1940 in Leipzig. Schulbesuch in Berlin, Basel, Göttingen, Godesberg, Tübingen. Studium der Kunstgeschichte und Theologie in Tübingen und Heidelberg. Promotion zur Doktorin der Theologie, Fachbereich Christliche Archäologie. Verheiratet mit Konrad Rupprecht 1968 (Theologe). 3 Söhne (21, 18, 12). Januar 1991 Tod des Ehemannes. Bibelarbeit mit Frauengruppen; 1981–1983 Mitarbeit Projekt Frauenstudien des LWB; 1989–1991 Mitarbeiterin der FEST im Medizin-Krankenhausprojekt. Gemeindepfarrerin in Karlsruhe seit Nov. 1991.

GERTA SCHARFFENORTH, Dr. phil, geb. 1912. Abitur 1931 in Bunzlau/Schles. Heirat 1936, drei Kinder, 7 Enkelkinder. 1946 Aussiedlung aus Schlesien. Seit 1950 in Heidelberg; Bibliothekarin. 1956–1961 Studium der Politologie und der evangelischen Theologie; Promotion 1962. 1962–1966 Leitung des Evangelischen Gemeindedienstes in Heidelberg. 1962 Ordination. 1966 Berufung an die Forschungsstätte der Evangelischen Studiengemeinschaft Heidelberg, Bereich Friedensforschung. 1973–1984 Leitung des Studienprojektes des Lutherischen Weltbundes „Frauen als Innovationsgruppen". Seit 1977 im tätigen Ruhestand. 1986–1991 Leitung des Projekts „Naturwissenschaftliche Medizin und christliches Krankenhaus" der FEST.

DOROTHEE SÖLLE, Dr. phil., geb. 1929 in Köln; studierte klassische Philologie, Philosophie, Theologie und Germanistik in Freiburg und Göttingen. 1972 Habilitation an der Universität Köln mit einer Arbeit über die Zusammenhänge von Literatur und Theologie nach der Aufklärung; 1973–1975 Lehrauftrag für ev. Theologie an der Universität Mainz: 1975–1987 Professorin am Union Theological Seminary in New York; 1987/88 Gastprofessorin an der Gesamthochschule Kassel. Verheiratet, vier erwachsene Kinder; lebt als freie Schriftstellerin in Hamburg.

ULRIKE SUHR, geb. 1955. Studium der evangelischen Theologie in Hamburg und Berkeley/USA, dort auch Arbeit im Bereich

Theologie und Literatur/Theater, Tanz. Promotion über Marie Luise Kaschnitz 1990, Dr. theol. 1989 Heirat. Wissenschaftliche Assistentin und Pastorin an der Universität Hamburg. 1990–1992 theologische Referentin des Nordelbischen Frauenwerks. Seit 1. 3. 1992 Studienleiterin des Diak.-theologischen Ausbildungszentrums Nordelbien.

Frauen leben anders

Uta Brunnhuber
Die Zeit des Weißdorns
Den Rhythmus der Trauer durchschreiten
96 Seiten, Paperback. ISBN 3-451-22578-6

Marina Schnurre
Sprich mit mir, damit ich mich fühle
Wie Krebskranke und Angehörige eine neue Beziehung finden können
140 Seiten, Paperback. ISBN 3-451-22452-6

Karola Friedel
Oft genügt ein kleines Lächeln
Schöne und traurige Geschichten mit einem Sorgenkind
180 Seiten, Paperback. ISBN 3-451-22453-4

Märchen von der starken und der schwachen Frau
Herausgegeben von Barbara Gobrecht
160 Seiten, Paperback. ISBN 3-451-21684-1

Heidi Gidion
Und ich soll immer alles verstehen . . .
Auf den Spuren von Müttern und Töchtern
3. Auflage, 200 Seiten, Paperback. ISBN 3-451-21129-7

Verlag Herder Freiburg · Basel · Wien

Heike Langenbucher
Sprache des Körpers – Sprache der Seele
Wie Frauen sich wohlfühlen können
168 Seiten, Paperback. ISBN 3-451-21637-X

Ruth Salama
Tausendundeine Station
Ein Frauenleben zwischen Berlin und Kairo
312 Seiten, gebunden. ISBN 3-451-22030-X

Sanft und rebellisch
Mütter der Christenheit – von Frauen neu entdeckt
Herausgegeben von Karin Walter
248 Seiten, Paperback. ISBN 3-451-21861-5

Theresia Hauser
Du hast mich geführt
Sich betend erinnern
160 Seiten, gebunden. ISBN 3-451-22284-1

Auf den Spuren der Weisheit
Herausgegeben von Verena Wodtke
Sophia – Wegweiserin für ein weibliches Gottesbild
200 Seiten, Paperback. ISBN 3-451-21663-9

Der Berg der Liebe
Herausgegeben und eingeleitet von Helga Unger
Europäische Frauenmystik
280 Seiten, gebunden. ISBN 3-451-21407-5